AF591598

TABLE
DES EDITS, DECLARATIONS, ARRESTS ET REGLEMENS
CONCERNANT
LES FERMES ROYALES-UNIES,

Rendus pendant la Cinquiéme année du Bail de JACQUES FORCEVILLE.

Commencée le premier Octobre 1742, & finie le dernier Septembre 1743.

TOME XI.

A PARIS;
Chez PRAULT pere, Imprimeur des Fermes & Droits du Roy;
Quai de Gêvres, au Paradis.

M. DCC. XLIX.

TABLE
DES
EDITS, DECLARATIONS,
ARRESTS ET REGLEMENS

Rendus pendant la cinquiéme année du Bail de Mᵉ. JACQUES DE FORCEVILLE.

Commencée le premier Octobre 1742, & finie le dernier Septembre 1743.

CONCERNANT les Cinq Grosses Fermes, Domaines d'Occident, Tabac, Commerce & Manufactures.

Du 2 Octobre 1742.

ARREST du Conseil, qui commet M. Levet, Commissaire du Conseil à Valence, pour instruire & juger le Procès aux Employés des Fermes des Provinces de Dauphiné, Lyonnois, Bourgogne, Provence, Languedoc & Auvergne, qui feront la Contrebande, ou la favoriseront, soit en livrant le passage aux

Contrebandiers, soit en s'appropriant les Marchandises saisies & les vendant, ou qui commettront d'autres délits & prévarications dans les fonctions de leurs Employs concernant ladite Contrebande.

Du 2 Octobre 1742.

* Arrest du Conseil d'Estat, au sujet d'une rebellion contre les Employés de la Barriere des Porcherons, dans laquelle un Soldat aux Gardes avoit été tué;

Qui ordonne que les Articles 35, 36 & 37 du Titre Commun pour toutes les Fermes de l'Ordonnance des Aydes du mois de Juillet 1681, les Articles 3 & 6 de la Déclaration du 12 Juillet 1723, l'Arrêt du Conseil du 3 Décembre 1737, & l'Article 560 du Bail des Fermes Générales Unies fait à Forceville le 16 Septembre 1738, seront exécutés selon leur forme & teneur.

En conséquence, casse & annulle la procédure faite au Châtele à la Requeste du Procureur du Roy, ensemble tous Décrets de prise de corps, & autres Décrets, Sentences, Ordonnances & Jugemens décernés & rendus contre Antoine Lombart & autres Commis des Fermiers, par le Lieutenant Criminel & les Officiers dudit Châtelet, comme incompétemment rendus.

Fait itératives défenses audit Procureur du Roy de faire à l'avenir aucunes poursuites, & audit Lieutenant Criminel & autres Officiers dudit Châtelet de rendre de pareils Décrets & Sentences, ni de connoître des affaires des Fermes, sous les peines portées par l'Article 36 du Titre Commun, pour toutes les Fermes, sauf aux Parties à se pourvoir pardevant les Officiers de l'Election, & par appel en la Cour des Aydes.

Ordonne, conformément à l'Arrest de la Cour des Aydes du 13 Juin 1742, (qui avoit ordonné par provision l'exécution d'une Sentence de l'Election de Paris, portant élargissement dudit Lombart, qui avoit été arrêté & constitué prisonnier, lors de ladite rebellion) que ledit Lombart sera élargi & mis hors des prisons, sans avoir égard aux Arrêts de ladite Cour des 22 dudit mois de Juin & 17 Juillet ensuivant, qui avoient, le premier, reçû le Sieur Procureur Général opposant audit Arrest du 13 Juin 1742, en ce qu'il avoit prononcé l'élargissement de la personne dudit Lombart ; & le second, en donnant acte à Forceville de sa prise de fait & cause dudit Lombart son Commis, avoit ordonné que les procédures extraordinaires faites tant au Châtelet, qu'en l'Election de Paris, contre ledit Lombart & autres, & apportées au Greffe de la Cour, seroient renvoyées en ladite Election, pour lesdites procédures extraordinaires y être continuées jusqu'à Sentence définitive inclusivement, sauf l'appel en ladite Cour.

Ordonne que la procédure extraordinaire, commencée en l'Election de Paris à la Requeste dudit Forceville, contre les accusés de rebellion, violences & voyes de fait envers ses Commis, soit continuée jusqu'à Sentence définitive inclusivement, sauf l'appel en la Cour des Aydes.

Et que ledit present Arrest sera enregistré, sans frais, au Greffe Criminel du Châtelet de Paris, & exécuté nonobstant toutes oppositions & empêchemens quelconques, pour lesquels ne sera différé.

Du 2 Octobre 1742.

Arrest du Conseil, qui déboute François Roze & sa Femme demeurant à Lyon, de leur opposition à celui du 8 May précédent, par lequel, en cassant une Sentence de l'Election de ladite Ville, ledit Roze & sa Femme ont été condamnés en 1000 liv. d'amende, & en la confiscation de trois livres une once de Tabac rapé saisi chez eux avec balances, poids & ustenciles servant à la vente d'icelui, & dont les Juges de l'Election avoient accordé main-levée, & condamné le Fermier aux dépens.

Du 2 Octobre 1742.

Arrest du Conseil, portant Réglement pour assurer les Droits de Foraine ou Patente de Languedoc, Traitte Domaniale, Resve & haut passage, & les Priviléges des Habitans des Sénéchaussées d'Armagnac, Quercy, Rouergue, Ville d'Agen, Pays Brulhois, Ville & Vicomté d'Auvillars, Pays de Comminges & des Jugeries de Riviere Verdun, en ce qui est de la Généralité de Guyenne seulement. *Contenant 12 Articles.*

Du 2 Octobre 1742.

* Arrest du Conseil, qui fixe à quatre années l'Entrepôt des Marchandises propres pour le Commerce de Guinée, à la charge par les Négocians de fournir à leurs frais les Magasins nécessaires, dont ils auront une clef & le Fermier une autre; que les Commis qui seront chargés des clefs, tiendront registre de l'Entrée & Sortie des Marchandises entreposées, & en demeureront solidairement responsables.

Du 2 Octobre 1742.

Arrest du Conseil, portant que le Sieur de Barillon, chargé de la Recette Générale du Droit de Demi pour Cent sur les Marchandises venant des Isles & Colonies Françoises de l'Amérique, remettra à la Caisse Générale des Fermes à Paris, sur le produit dudit Droit de l'année 1740, une somme de soixante-deux mille huit livres dix-huit sols dix deniers, avancée par les Fermiers Généraux, pour l'utilité des Manufactures & du Commerce.

Du 9 Octobre 1742.

Lettres Patentes du Roy, sur l'Arrest du Conseil du 25 Janvier 1724, qui permet aux Capitaines Généraux, employés pour la Régie du Tabac, de faire des visites dans les Maisons des Nobles, Ecclésiastiques, Bourgeois & autres privilégiés, sans permission, en se faisant accompagner d'un Garde ou de deux Témoins.

Registrées au Parlement de Dijon, le 5 Aoust 1743; en celui de Grenoble, le 10 Décembre 1742; en celui de Metz, le 3 des mêmes mois & an; & en celui de Pau, le 28 Mars 1744.

A la Cour des Aydes de Rouen, les 4 Février & 8 Mars 1743; en celles d'Aix & de Clermont Ferrand, le 3 Décembre; en celle de Montpellier, le 11 dudit; en celle de Montauban, le 14 dudit; & au Conseil Supérieur de Roussillon à Perpignan, le 3 dudit 1742.

Nota. Ces Lettres Patentes sont les mêmes que celles expédiées le 24 Mars 1727; sur l'Arrest du 25 Janvier 1724, registrées en la Cour des Aydes de Paris, le 5 Avril 1727.

Du 11 Octobre 1742.

* Département de Messieurs les Fermiers Généraux pour le service des Fermes Royales Unies, pendant la cinquiéme année du Bail de Jacques Eorceville.

Du 16 Octobre 1742.

* Arrest du Conseil, portant établissement d'un Magasin de Verreries à vitres dans la Ville de Paris, tant pour la consommation ordinaire de ladite Ville, que pour subvenir aux besoins imprévûs.

Du 23 Octobre 1742.

Arrest du Conseil, qui en interprétant les Lettres Patentes du mois de Novembre 1716, portant confirmation des Priviléges des Habitans du Bourg de Fontaine Françoise; ordonne qu'ils ne jouiront de l'exemption par eux prétendue, que sur les denrées qu'ils feront venir du Comté de Bourgogne pour leur consommation seulement.

Du 23 Octobre 1742.

Arrest du Conseil, qui commet le Sieur Levet, Commissaire du Conseil à Valence, pour instruire & juger le procès aux nommés Claude Veuilly, Pierre Bourgeois, & Humbert Deschamps, arrêtés par les Employés de la Brigade des Fermes de la Marche, Département de Dijon, avec quatre Chevaux chargés de Tabac de Contrebande, le 3 Septembre précédent, ensemble aux Complices, Fauteurs, Participes ou Adhérans de ladite Contrebande.

Du 23 Octobre 1742.

* Arrest du Conseil, qui commet Monsieur Feydeau de Brou, pour, conjointement avec Messieurs d'Ormesson, d'Argenson, de Vathan & Feydeau de Marville, recevoir, exami-

ner & arrêter les comptes de ceux qui ont été chargés de l'achat, de la vente & de la conduite des Grains que Sa Majesté a fait venir, tant de l'Etranger, que des Provinces du dedans du Royaume, pour l'approvisionnement des Habitans de la Ville de Paris.

Du 23 Octobre 1742.

Arrest du Conseil, qui en interprétant celui du 28 Août précédent, permet au Sieur Toulongeon, Cornette des Chevaux Legers de la Garde du Roy, de faire passer en Lorraine toutes les Fontes provenantes de ses Fourneaux du Crochet & de la Barbe en Franche-Comté, & ce en exemption des Droits de Sortie portés par l'Ordonnance de 1680, & autres Réglemens, & notamment par l'Arrest du Conseil du 2 Avril 1701.

Du 30 Octobre 1742.

Arrest du Conseil, qui commet M. l'Intendant de Picardie, pour la publication & adjudication au rabais des grosses reparations à faire à la maison où se tient la Jurisdiction des Gabelles à Amiens, ainsi qu'à plusieurs Maisons servant de Bureaux & de Corps-de-Garde appartenans au Roy dans la Généralité d'Amiens; du prix desquels ouvrages les Entrepreneurs seront payés sur les Ordonnances dudit Sieur Intendant, par Jacques Forceville, Adjudicataire des Fermes Générales, auquel il en sera tenu compte sur prix de son Bail

Du 30 Octobre 1742.

Arrest du Conseil, qui commet M. Bignon de Blanzy, Intendant de la Généralité de Soissons, pour faire la publication & adjudication au rabais & moins disant des ouvrages & grosses reparations à faire à la Maison servant de Grenier à Sel à Cormicy, à la Barriere de Condé sur Suippe, & au Corps-de-Garde de Pontavaire, appartenans au Roy, du prix desquels ouvrages les Entrepreneurs seront payés sur les Ordonnances dudit Sieur Intendant par Jacques Forceville, Adjudicataire des Fermes Générales Unies, auquel il en sera tenu compte sur le prix de son Bail.

Du 30 Octobre 1742.

Arrest du Conseil, qui casse une Sentence de l'Amirauté de Grandville, du premier Décembre 1741, pour n'avoir prononcé la confiscation que d'une partie des Bas & autres Marchandises de Contrebande saisies, avec un Batteau venant de l'Isle de Gersey, appartenant aux nommés Jean Després, & Pierre le Brun, Habitans de ladite Isle, & fait main-levée du surplus; confisque ledit Batteau, Agrés, Ustenciles & Aparaux, ensemble toutes les Marchandises saisies sur lesdits Després & le Brun, & les condamne solidairement en trois mille livres d'amende.

Du 30 Octobre 1742.

Arrest du Conseil, portant que le vieux linge, vieux drapeau, drilles, pattes ou autres matieres servant à la fabrication du Papier, qui entreront dans la Ville de Bayonne, acquitteront le Droit de trente livres du cent pesant imposé à la sortie desdites matieres pour l'Etranger par l'Arrest du Conseil du 8 Mars 1733; sçavoir: vingt livres pour l'Ancien Droit, & dix livres pour la Traitte Domaniale.

Du 30 Octobre 1742.

Arrest du Conseil, qui sans tirer à consequence, permet au Capitaine Robert le Turc, commandant le Vaisseau le Charles appartenant au Sieur Blondeliere Vigeon, Négociant à S. Malo, parti du Port de ladite Ville pour le Cap-vert, & de là à la Martinique, de faire son retour & son déchargement au Port de Bordeaux, nonobstant la soumission faite par ledit Blondeliere Vigeon au Greffe de l'Amirauté de S. Malo, d'y faire son retour.

Du premier Novembre 1742.

* Ordonnance du Roy, portant Réglement pour le payement des Troupes pendant l'hyver de ladite année, contenant neuf Articles; par le dernier desquels il est deffendu aux Officiers, Gardes du Corps, Gendarmes, Chevaux-Legers, Mous-

quetaires, Cavaliers, Carabiniers, Huſſards, Dragons & Soldats, de prendre aucun Sel dans les Pays Etrangers, ou dans ceux de l'obéiſſance de Sa Majeſté où la Gabelle n'eſt point établie, ni de ſe charger d'aucun Tabac ou autres Marchandiſes pour les tranſporter, vendre ou débiter en telle maniere que ce puiſſe être, & à quelque perſonne que ce ſoit, dans les Provinces du Royaume, à peine, contre les Chefs & Commandans, de répondre ſur leurs payes & ſur leurs biens des dommages qui ſeroient faits aux Fermes Générales par ceux étant ſous leur charge, & aux Gardes, Gendarmes, Cavaliers, Huſſards, Dragons & Soldats, d'être punis ſuivant la rigueur des Ordonnances contre les Faux-Sauniers; deffend pareillement à tous les Sujets du Roy, de quelque qualité & condition qu'ils ſoient, de commettre le Faux-Saunage, ni d'aſſiſter & favoriſer en quelque ſorte que ce ſoit, les Gens de Guerre qui le commettront ſur les peines des Ordonnances.

Du 9 Novembre 1742.

* Jugement de la Commiſſion du Conſeil, établie à Rheims, qui condamne le nommé Philippes Maillard, dit Philippes, Garçon ſans profeſſion ni domicile, du Village d'Igny en Franche-Comté, à être rompu vif pour crimes de Contrebande en Tabac, Indiennes, Toiles peintes, Soyeries, faux Sel & autres Marchandiſes, avec attroupement & port d'armes, bris de priſons, vols, meurtres & aſſaſſinats.

Du 14 Novembre 1742.

* Jugement de la Commiſſion du Conſeil établie à Rheims, qui condamne le nommé Gerard Nivelet dit l'Epine, Manouvrier du Village de S. Jean au Bois en Tierarche, en neuf années de Galeres, & en cinq cens livres d'amende, pour les cas de Faux-Saunage & Contrebande en Tabac.

Du 16 Novembre 1742.

* Jugement de la Commiſſion du Conſeil établie à Rheims, qui

qui condamde le nommé Laurent Vareil, Garçon sans profession du Village de Chaudré en Champagne, aux galeres perpétuelles, & en mille livres d'amende, pour Contrebande en Tabac, avec attroupement, & complicité d'excès & assassinats.

Du 16 Novembre 1742.

* Jugement de la Commission du Conseil établie à Rheims, qui condamne le nommé Jean Robin, se disant Marchand Mercier-Colporteur du Village d'Ortillon, près d'Arcy sur Aube en Champagne, en neuf années de galeres, & en mille livres d'amende, pour Contrebande avec attroupement.

Du 17 Novembre 1742.

Ordonnance de M. l'Intendant de Provence, pour obliger les Marchands, Voituriers & autres qui transporteront des Huiles dans la Province à rapporter au dos des acquits à caution qui leur seront expédiés, des certificats en bonne forme de la descente desdites Huiles aux lieux de la destination, & au cas qu'ils ne trouvent pas à vendre lesdites Huiles dans lesdits lieux, ils seront tenus de le faire certifier au dos desdits acquits par les Consuls, & de rapporter en outre un autre certificat dans la même forme des Consuls des lieux où lesdites Huiles auront été effectivement déchargées, le tout à peine de confiscation & de trois cens livres d'amende, conformément aux Arrests & Lettres Patentes des 13 Mars 1722, & premier Avril 1738.

Du 17 Novembre 1742.

* Jugement de la Commission du Conseil établie à Rheims, qui condamne le nommé Charles le Gay, se disant Sabotier du Village d'Ivignier en Haynault, aux galeres perpétuelles, & en mille livres d'amende, pour Contrebande en Tabac, avec attroupement, port d'armes & rebellion.

Du 20 Novembre 1742.

Arrest du Conseil, qui ordonne l'exécution de celui du 13 Février précédent, concernant les Tapisseries de la Manufacture de Feilletin, & qu'il sera annéxé à la Minutte dudit Arrest une bande de Tapisserie de couleur brune foncée, pour servir d'échantillon de celles qui seront tissées à l'avenir à chaque piéce de Tapisserie de ladite Manufacture, afin de distinguer les Tapisseries d'Aubusson de celles de Feilletin.

Du 20 Novembre 1742.

Arrest du Conseil, au sujet d'une Société passée entre le Sieur Bergeret, Fermier Général, & le Sieur Segoing, Caissier de la Ferme.

Du 23 Novembre 1742.

* Jugement de la Commission du Conseil établie à Rheims, qui condamne le nommé Claude Colin, dit la Roche, ou le beau la Roche, du Village de Roche sur Marne en Champagne, à être pendu, pour crime de Contrebande en Indiennes, Soyeries, Toiles peintes & autres Marchandises prohibées avec attroupement, port d'armes, rebellion & meurtre.

Du 27 Novembre 1742.

* Arrest du Conseil, qui modere à vingt sols du cent pesant, les Droits d'Entrée sur les Beures venant d'Angleterre, d'Ecosse & d'Irlande, & ce pendant une année, à compter du 18 Septembre précédent.

Du 27 Novembre 1742.

Arrest du Conseil, qui commet M. l'Intendant de Bordeaux pour instruire & juger souverainement le Procès aux nommés Castaing, Négociant à Bordeaux, Carvaille, Juif, & Vidat, Commis du Sieur Couturié, Armateur audit lieu, pour raison de l'introduction dans ladite Ville d'environ 3000 aulnes, tant d'Indiennes, Perses, Chocolatilles, Mouchoirs & Damas arrivés sur le Navire la Marthe-Marie de Rouen, venant d'Amsterdam, Capitaine Marin de Porte, pour le compte dudit Castain, & trouvés dans onze barils, du nombre de vingt-sept déclarés à l'Entrée contenir de la Poudre à tirer, & destinés pour le Magasin des Poudres & Salpêtres de Bordeaux, & saisies sur lesdits Castain & Cavaille, dans un Chays ou Magasin loué par un Cordonnier audit Catvaille.

Du 27 Novembre 1742.

Arrest du Conseil, qui évoque l'instance d'appel interjetté par Jacques Forceville, Adjudicataire des Fermes Générales Unies, d'une Sentence de l'Election de Valogne du 24 Octobre précédent, par laquelle, en ordonnant l'élargissement des Prisons de Valogne, des nommés Huë & Grout, Employés dans la Brigade des Fermes de Port-Bail, accusés de s'être approprié une partie du Tabac par eux saisis sur la Côte, il leur a été adjugé mille livres de dommages intérests, & le Fermier condamné en tous les dépens; ordonne que pour faire droit aux Parties, elles seront tenues de se pourvoir au Conseil, avec deffenses de procéder ailleurs, à peine de nullité, cassation de procédures & Jugemens, & de tous dépens, dommages-intérests.

Du 30 Novembre 1742.

Arrest du Conseil, qui continue pendant l'année 1743 la modération du tiers des Droits de Sortie & de Fret sur les Vins & les Eaux-de-vie de la Province de Languedoc, qui seront portés dans les Pays Etrangers, par les Ports de Cette, Agde, la Nouvelle & Ayguesmortes.

Du premier Décembre 1742.

* Jugement de la Commission du Conseil établie à Rheims, qui condamne le nommé Eugene, du Village de Flaminville

en Lorraine, en neuf années de galeres, & en mille livres d'amende, pour Contrebande en Tabac, avec attroupement.

Du 4 Décembre 1742.

Arrest Contradictoire du Conseil, qui déboute les Maire & Jurats de la Ville de Castillon sur Dordogne, de leur demande, & ordonne l'exécution de ceux des 30 Décembre 1732, & 4 Novembre 1738, par lesquels il a été jugé que le Droit d'Entrée ou de petite Coutume consistant en seize sols par Tonneau de Vin, est dû sur celui qui se recueille dans la Jurisdiction de Castillon & que les Habitans de ladite Ville feront conduire ailleurs que dans celle de Bordeaux.

Du 6 Décembre 1742.

* Jugement de la Commission du Conseil établie à Rheims, qui condamne le nommé François Sebin, dit la Fleur ou le Jardinier, du Village de Cocherelle en Brie, à être pendu pour crimes de Contrebande en Tabac & Indiennes, avec attroupement, port d'armes & rebellion.

Du 10 Décembre 1742.

* Jugement de la Commission du Conseil, établie à Rheims, qui condamne le nommé Jean Menetré, Laboureur du Village de Bignicourt en Champagne, en mille livres d'amende, & Claude Linet, dit Champagne, Cabaretier dudit lieu, en cinq cens livres aussi d'amende, pour les cas de faveur, retraite & vivres par eux volontairement fournis aux Contrebandiers & à leurs Marchandises.

Du 11 Décembre 1742.

* Jugement de la Commission du Conseil, établie à Rheims, qui condamne le nommé Louis Mordillac, dit la Roche ou la Nicatte, se disant Laboureur ou Marchand de chevaux du Village de Moyenvic en Lorraine, aux galeres perpétuelles, & en mille livres d'amende.

Du 11 Décembre 1742.

* Arrest du Conseil, qui proroge pour trois années, à compter du premier Janvier 1743, la perception du Droit d'un demi pour cent ordonné être levé par la Déclaration du 10 Novembre 1727, sur les Marchandises venant des Isles Françoises de l'Amérique.

Du 13 Décembre 1742.

* Jugement de la Commission du Conseil, établie à Rheims, qui condamne le nommé Warnisson, Cavalier du Régiment de Condé, à être pendu, pour crime de rebellion, excès & violences faites aux Employés dans leurs fonctions, & le nommé Condamine en neuf années de galeres, pour complicité desdits excès; renvoye les Habitans & Communauté de Vouc, & quelques Particuliers absous avec dépens, dommages & interests contre Forceville, Adjudicataire Général des Fermes.

Du 14 Décembre 1742.

* Arrest Contradictoire de la Cour des Aydes de Paris, qui sans avoir égard aux Lettres de rescision prises en Chancelleries par le Sieur Baron de Bornes, contre un Acte de cautionnement par lui fourni pour le Sieur Pacheque, Receveur Aydes, expositives qu'il étoit Mineur, quand il a passé ledit Acte, & qu'il ne pouvoit engager les biens fonds qu'il y a hypotéqués, parce que son pere les lui a cédés pour sa nourriture & entretien, sans pouvoir être saisis, l'a débouté de l'opposition qu'il avoit formée à la contrainte décernée contre lui par le Fermier des Aydes, pour le payement de la somme dont ledit Pacheque étoit reliquataire, & ordonne que sur les deniers, loyers & fermages saisis sur le Sieur Baron de Bornes, le Fermier des Aydes sera payé par privilége & préférence de la somme portée en ladite contrainte, avec intérêts & dépens.

Du 28 Décembre 1742.

Arrest Contradictoire du Conseil, qui réduit & modere à trente tonneaux de Vin le privilége accordé aux Chartreux de Bordeaux par Lettres Patentes du mois de Novembre 1643 & 1716, de faire venir annuellement de leur maison de la Bastide de Blaignat, & Métairies en dépendantes situéesau haut Pays, dans leur Chartreuse & Hopital S. Charles Borromée, au lieu de la quantité de quarante tonneaux portée par lesdites Lettres Patentes, sous la condition que lesdits trente tonneaux ne pourront être portés, bus ni consommés ailleurs que dans la Maison de ladite Chartreuse ; que lesdits Vins seront accompagnés de certificats des Juges ou Consuls des lieux d'où ils seront tirés ; que lesdits Chartreux feront déclaration desdits Vins au Bureau de la Ville de Bordeaux, devant les Jurats ; qu'ils feront marquer les futailles à leur arrivée par les Commis de la Ville, & qu'ils prendront un Valet de Ville, pour accompagner sans frais lesdits Vins, depuis le Port jusqu'à leur Chartreuse ; le tout à peine de déchéance de leur privilége.

Du premier Janvier 1743.

Arrest du Conseil, qui ordonne que la Requeste du Sieur le Riche de la Poupliniere, Fermier Général, sera communiquée au Sieur le Riche de Chevigné, son frere, au sujet d'une Société faite entr'eux.

Dn premier Janvier 1743.

Arrest du Conseil, qui évoque l'appel interjetté à la Cour des Aydes par Jacques Forcevllle, Adjudicataire des Fermes Génerales Unies, d'une Sentence de l'Élection de Laon du 6 Septembre 1741, par laquelle le nommé Etienne Perinet, Manouvrier à Crecy, arrêté en campagne avec une livre de faux Tabac, a été renvoyé absous, & le Fermier condamné en cinquante livres de dommages-intérêts, & aux dèpens en faveur dudit Prince ; ordonne que sur ledit appel les Parties procéderont au Conseil, avec deffenses de se pourvoir ailleurs, à peine de nullité, cassation de procédures, & de tous dépens, dommages & intérêts.

Du premier Janvier 1743.

* Arrest du Conseil, qui permet l'entrée par le Port de Gravelines des Sels venant de Brouage, Isle de Ré & d'Olleron, Poitou, Aunis & Bretagne, à la destination du Calaisis, de l'Artois, du Boulonnois, & des Provinces du Pays conquis, en payant trente sols par Raziere du poids de marc de deux cens cinquante livres, & à la charge d'observer les formalités prescrites par les Arrêts du Conseil & Lettres Patentes des 23 Mars 1720 & 22 Février 1729.

Du 8 *Janvier* 1743.

Arrest du Conseil, qui permet à Jean Fourmentin & Jean-Baptiste du petit Rieux, Fermiers des Carosses & Messageries d'Orleans, Berry, Touraine, Anjou, Poitou, Normandie, Bretagne, le Maine, Perigord, Aunis, Bordelois & Bayonnois, & à leurs Sous-Fermiers, tant en droiture que de traverse, de continuer la perception du quart en sus du prix de leurs voitures jusqu'au dernier Juin 1743.

Du 8 *Janvier* 1743.

* Arrest du Parlement de Bretagne, rendu contradictoirement & sur les Conclusions de M. le Procureur Général du Roy, qui met au néant avec amende l'appel relevé par les nommés Henry le Gras, Guillaume Néel, de l'Isle de Jerzay, & Charles Cojean, François, de la Sentence de la Jurisdiction des Traittes de Morlaix du 17 Mars 1742, portant confiscation au profit de Me. Jacques Forceville, Adjudicataire Général des Fermes du Roy, d'un petit Bâtiment Anglois trouvé échoué à l'Isle de Thomé, des agrés & apparaux d'icelui, & de soixante Ballots de Tabac, fabrique Angloise, du poids de trois mille trois cens quatre-vingt-treize livres, aussi trouvés à quelque distance dudit Bâtiment & agrés, qui condamnoit lesdits le Gras & Néel so-

lidairement à l'amende de mille livres, & aux dépens, & qui déclaroit les mêmes condamnations communes & exécutoires vers ledit Cojean, comme tous ayant été trouvés & arrêtés dans cette Isle, & reputés Auteurs & Complices du versement desdits Tabacs en fraude.

Deboute lesdits le Gras & Cojean des requestes & demandes par eux formées; ledit le Gras, afin de restitution dudit Bâtiment, agrés & appareaux, & ledit Cojean, d'une valise, argent & effets qui devoient y être renfermés, sinon la juste valeur par leur serment & à dire d'Experts, avec reparations, dommages & intérests.

Et qui, en reformant sur l'appel *à minimâ* dudit Forceville de même Sentence, condamne lesdits le Gras, Néel & Cojean, chacun solidairement, à une amende de mille livres, & aux dépens des causes d'appel & incidentes, sauf la libération desdits le Gras & Cojean vers les Héritiers dudit Néel décédé ès prisons de Morlaix, depuis leurs appels interjettés de ladite Sentence.

Nota. Cet Arrest juge 1°. que les Auteurs & Complices de même versement & fraude de Tabac, sont tenus solidairement chacun d'une amende de mille livres, & des dépens, conformément aux Déclarations du Roy & Réglemens.

2°. Que Fermier n'est pas obligé d'assigner ni mettre en cause les Héritiers de ceux des Complices qui meurent dans le cours de l'instruction des Procès, pour faire prononcer les condamnations desdites amendes envers tous, sauf le recours de ceux avec lesquels elles sont prononcées, contre les Héritiers de leurs Complices.

Du 8 Janvier 1743.

Arrest du Conseil, qui accorde au Sieur Detehvery de Laxalde le Privilége exclusif de fabriquer pendant dix années dans la Généralité d'Ausch, Pau, Navarre & Bearn, une espéce de Poudre en pâte, faite de racines, propre au blanchissage des Toiles, avec deffenses à toutes personnes d'en fabriquer & vendre de pareille, à peine de trois mille livres d'amende, à l'exception des Blanchisseurs desdites Toiles, ausquels il est permis d'en fabriquer pour leur usage seulement.

Nota. Cet Arrest n'accorde aucun Privilége ni Exemption des Droits des Fermes.

Du

Du 15 Janvier 1743.

Arrest du Conseil, portant Réglement pour prévenir l'abus qui peut être fait du Sel de Rapport de la Pêche de Morue qui se fait par les Habitans de S. Vallery en Caux au Banc de Terre-neuve. *Contenant 7 Articles.*

Du 19 Janvier 1743.

* Arrest du Conseil, qui ordonne qu'en dérogeant à l'Article 8 de la Déclaration du 23 Août 1728, il sera permis aux Pêcheurs de l'Amirauté d'Aigues-morte seulement, de pratiquer la Pêche de l'Anguille commune dans les Etangs salés situés dans ladite Amirauté, depuis le premier Juillet jusques & compris le dernier Février de chaque année, avec des filets fixes & sédentaires, dont la plus petite maille sera au moins de trois lignes en quarré.

Du 22 Janvier 1743.

Arrest du Conseil, qui déboute le Sieur Christian Schultz, Capitaine du Navire le Souvenir venu de Suéde & le nommé Malortie, Procureur en l'Election de Rouen, son fondé de procuration, de l'appel par lui interjetté, d'une Ordonnance rendue par M. l'Intendant de Rouen, conjointement avec les Officiers de l'Amirauté de ladite Ville, le 29 Octobre 1742, qui a prononcé la confiscation de dix Ballots de pierres à fusil pesant neuf cens vingt-cinq livres, saisis comme Munitions de Guerre, dont la sortie est deffendue, & faute d'en avoir fait déclaration, & a en outre condamné ledit Sieur Schultz en cinq cens livres d'amende, & aux dépens.

Du 22 Janvier 1743.

Arrest du Conseil, entre M. Bergeret, Fermier Général, & le Sieur Segoing, Caissier des Fermes, au sujet d'une Société passée entr'eux.

Du 22 Janvier 1743.

* Arrest du Conseil, qui proroge pour un an, à compter du premier Janvier 1743 au premier Janvier 1744, l'exemption des Droits d'Entrées sur les Bœufs, Vaches, Moutons, Agneaux, Boucs, Chevres & Chevrotins, qui viendront de l'Etranger, ordonnée par Arrest du 28 Novembre 1741, & que lesdits Bestiaux, ensemble ceux qui seront nourris & élevés dans le Royaume seront pareillement exempts des Droits des Cinq Grosses Fermes, à leurs passages des Provinces de l'étendue des Cinq Grosses Fermes dans celles reputées Etrangeres, & des Provinces reputées étrangeres dans celles des Cinq Grosses Fermes.

Du 22 Janvier 1743.

Arrest du Conseil, qui commet M. l'Intendant de la Généralité de Pau, pour instruire & juger le Procès au nommé Guillaume Douhembourre, Cavalier de la Brigade de la Maréchaussée residante à Bayonne, arrêté allant à Bordeaux le 31 Décembre précédent par les Employés du Bourg S. Esprit avec vingt-quatre livres de faux Tabac trouvé caché entre les paneaux de la selle de son cheval.

Du 22 Janvier 1743.

Arrest du Conseil, qui commet M. Heriard, Commissaire du Conseil à Saumur, pour instruire & juger le Procès aux Faux-Sauniers & Contrebandiers de Tabac & de Marchandises prohibées, qui se trouveront attroupés au nombre de cinq & au-dessus, sans armes, dans l'étendue des Généralités de Tours, Moulins, Bourges & Poitiers.

Du 23 Janvier 1743.

Arrest du Conseil, portant que le Sieur de Barillon, Receveur Général du Droit de demi pour cent sur les Marchandises venant des Isles & Colonies Françoises de l'Amérique, remettra à la Caiſſe des Fermes Générales une ſomme de quarante mille livres, ſur le produit dudit Droit de l'année 1741, pour être ladite ſomme employée à des diſpoſitions utiles au bien des Manufactures & du Commerce.

Du 29 Janvier 1743.

Arreſt du Conſeil, qui autoriſe les Sieurs Lucien & François le Maire, freres, Entrepreneurs de la Manufacture Royale de Draperie établie à Bouflers, de tranſporter dans la Ville de Beauvais, à leurs frais, la teinturerie actuellement établie à Bouflers, & y établir une Manufacture Royale de Teinture dépendante & inſéparable de la Manufacture Royale de Bouflers, & accorde l'exemption des Droits d'Entrées & de Tarif ſur les Bois que leſdits Sieurs le Maire feront entrer dans ladite Ville de Beauvais, pour l'uſage de ladite Teinturerie ſeulement.

Du 29 Janvier 1743.

* Arreſt du Conſeil, qui ordonne que toutes les inſtances & affaires reſtantes du Bail de feu Pierre Carlier, Adjudicataire des Fermes Générales Unies, ſeront continuées, repriſes & pourſuivies, inſtruites, jugées & réglées ſous le nom de Nicolas-Adrien Bonnemain en la maniere accoutumée, comme elles l'auroient pû être ſous le nom dudit Carlier.

Du 29 Janvier 1743.

* Réglement & Lettres Patentes du Roy, *regiſtrées au Parlement de Metz, le* 18 *Février* 1743, pour les differentes ſortes de Draps qui ſe fabriquent dans la Manufacture de Sedan, *Contenant* 85 *Articles*, dont le ſeiziéme veut que les nom & ſurnom du Fabriquant, le lieu de la Fabrique, & les qualités des Draps ſoient brodés à la tête & à la queue de chaque Piéce, à peine de confiſcation & de cent livres d'amende; le dix-ſeptiéme deffend aux Fabriquans de mettre ſur les Draps de ſa Fabrique le nom d'un autre Fabriquant, à peine de confiſcation, trois cens livres d'amende, déchéance de Maîtriſe, & d'interdiction du Commerce; le dix-huitiéme deffend l'entrée dans Sedan, d'au-

tres Laines d'Espagne que celles appellées Primes Segovies, Primes Segovianes, secondes Segovies, secondes Segovianes, & secondes Sories, à peine de confiscation & de cent livres d'amende; le vingt-deuxiéme ordonne au Receveur des Fermes du Bureau de Torcy, de fournir aux Jurés Fabriquans une expédition contenant le nombre de Balles de Laines qui seront passées par le Bureau, avec les noms des Fabriquans & autres ausquels elles seront adressées, à peine de cent livres d'amende; le quarante-uniéme veut que les Draps fabriqués conformément au Réglement, soient marqués avec de l'encre à imprimer par les Jurés à la tête de chaque Piéce; le quarante-septiéme veut que les Draps soient encore visités & marqués d'un Plomb à la tête de chaque Piéce, au retour du Foulon; l'Article cinquante ordonne que les Draps mesurés & aulnés, & marqués à la tête de chaque Piéce d'un Plomb, portant d'un côté, Aulneur Juré de Sedan, & de l'autre l'aulnage juste en chiffres, à peine de trois cens livres d'amende contre l'Aulneur Juré; le cinquante-quatriéme veut que les Draps soient marqués en tête avant que d'être mis en Teinture, d'un Plomb portant ces mots, *vû en blanc*; le cinquante-cinquiéme veut qu'après la Teinture ils soient portés au Bureau de Fabrique, pour être visités & marqués à la tête & à la queue de chaque Piéce par les Gardes Jurés, des Plombs ordonnés par l'Article 57; le soixante-dix-huitiéme deffend aux Marchands d'avoir dans leurs maisons, boutiques & magasins ou ailleurs, de vendre ni exposer en vente aucune Piéce entiere de Drap, qu'elle n'ait à la tête & à la queue les marques ordonnées par l'Article 16, & de garder aucunes demies Piéces desdits Draps, qu'elles n'ayent un Plomb, à peine de confiscation & de trois cens livres d'amende; l'Article quatre-vingt-un applique les amendes, sçavoir, celles prononcées contre les Fabriquans, un quart au profit du Roy, un quart au profit des Gardes-Jurés, & la moitié aux pauvres Ouvriers de la Manufacture, & celles contre les Ouvriers à ceux desdits Ouvriers pauvres & indigens; & l'Article quatre-vingt-trois porte que les Registres tenus par les Gardes-Jurés & Aulneurs, les Procès-verbaux de nomination desdits Jurés, ensemble les comptes qui seront par eux rendus, & les copies qui pourront en être faites, seront faites & expédiées en papier non timbré.

Du premier Février 1743.

* Déclaration du Roy, qui régle la maniere d'élire des Tuteurs & Curateurs aux Mineurs qui ont des biens situés en France, & d'autres situés dans les Colonies. *Contenant 14 Articles. Registrée en Parlement, le 14 Septembre 1743.*

Du premier Février 1743.

* Delibération, pour donner au mérite, les Places de Capitaines Généraux, Commandans, Brigadiers, & autres Employs dans les Brigades, sans égard aux protections ni aux nominateurs, dans les lots desquels les Employs se trouveront lors des vacances.

Du 5 Fevrier 1743.

Arrest du Conseil, sur la Requeste de Jacques Forceville; Adjudicataire des Fermes Générales Unies, tendante à la cassation d'un Arrest de la Cour des Aydes du 7 Septembre 1742, confirmatif d'une Sentence de la Jurisdiction des Traittes de Joinville, du 20 Novembre 1741, pour avoir annullé une saisie, & fait mainlevée de onze muids & deux feuillettes de Vin trouvés entreposés chez le nommé Dominique Demange, demeurant à Goussaincourt, dans les quatre lieues des limites de Lorraine, sous prétexte que ledit Demange vivant noblement, une pareille quantité de Vin lui étoit nécessaire pour sa consommation; ordonne que ladite Requeste sera communiquée audit Demange, pour sa réponse vûe & examinée, être ordonné ce qu'il appartiendra, toutes choses demeurantes en état.

Du 5 Février 1743.

Arrest du Conseil, qui interdit le Sieur Mulot, Greffier de l'Amirauté de Calais, des fonctions de sa Charge, pour ne s'être pas conformé aux Réglemens.

Du 5 Février 1743.

Arrest du Conseil, sur la Requeste de Jacques Forceville, Adjudicataire des Fermes Générales Unies, tendante à la cassation d'un Arrest de la Cour des Aydes de Rouen, du 22 Décembre 1742, confirmatif d'une Sentence de l'Election de Coutances du 9 Juillet précédent, pour avoir renvoyé absous les nommés Joseph Gosse, Nicolas Foulon, & Marie Gosse, femme de Jean Lavirette, trouvés à une heure du matin sur le bord de la mer auprès de douze Balots, contenant 558 livres de faux Tabac; pourquoi ils furent emprisonnés & élargis des Prisons, sous prétexte qu'il n'étoit pas prouvé qu'ils fussent Propriétaires du Tabac saisi, ni surpris en le portant ou vendant; ordonne que ladite Requeste sera communiquée ausdits Gosse, Foulon & Lavirette, pour y fournir de réponse dans le délai de l'Ordonnance, toutes choses demeurantes en état.

Du 12 Fevrier 1743.

Arrest du Conseil, qui approuve les grosses reparations faites à l'Hôtel des Fermes, rue de Grenelle à Paris, sur les ordres du Sieur de Cotte, commis à l'Inspection & Controlle des Bâtimens dépendans des Fermes du Roy; ordonne que les Ouvriers qui ont fait lesdits ouvrages seront payés sur les Mémoires arrêtés par ledit Sieur de Cotte, montant ensemble à vingt-deux mille deux cens soixante-deux livres dix-huit sols quatre deniers, par Jacques Forceville, Adjudicataire des Fermes Générales Unies, pour valeur de laquelle somme il sera expédié une Ordonnance de comptant sur le Garde du Trésor Royal qui sera convertie en une quittance comptable, à la décharge du prix du Bail dudit Forceville.

Du 14 Février 1743.

* Jugement Souverain, rendu par les Commissaires du Conseil nommés par Arrests des 29 Avril 1738 & 13 Février 1742, qui condamne le nommé Simon-Pierre Bende, Receveur des Droits de la Ferme des Huiles & Savons au Faux-bourg des Malades de la Ville de Lille, en quinze années de galeres, à

être flétri & marqué des Lettres G. A. L. & aux dépens du procès, pour avoir détourné & diverti les deniers de sa recette.

Du 19 Février 1743.

Arrest du Conseil, entre M. le Riche de la Poupeliniere, Fermier Général & M. le Riche de Chevigné, son frere, au sujet d'une Société faite entre eux.

Du 20 Février 1743.

* Arrest de la Cour des Comptes, Aydes & Finances de Montpellier, qui déboute les Sieurs Michel Blanc, & Héritiers Riberolles, de la demande par eux formée en décharge du cautionnement qu'ils avoient fourni à Forceville, Fermier des Domaines, Controlle des Actes & Droits y joints des Généralités de Montpellier, Toulouse & autres, pour sûreté de la Recette du Sieur Blanc, Commis Buraliste à Toulouse.

Et condamne lesdits Michel Blanc & Héritiers Riberolles, solidairement au payement de la somme de dix mille livres, conformément à leurdit cautionnement, avec les interests d'icelle du jour de l'Arrest; à quoi faire lesdits Jean & Michel Blanc seront contraints par toutes voyes & par corps, & lesdits Héritiers Riberolles par toutes voyes dûes & raisonnables, & les uns & les autres aux dépens solidairement.

Du 5 Mars 1743.

Arrest du Conseil, qui évoque une contestation pendante en la Cour des Aydes entre l'Adjudicataire des Fermes Générales Unies, & les nommés Mathurin Gris, Celestin Charrier, Guillaume Bossis & René Maudin, Habitans des Marches communes de Bretagne & de Poitou, sur l'appel interjetté par le Fermier d'une Sentence du Juge des Traittes de Montaigu, qui a fait mainlevée ausdits Habitans de sept Piéces de Toiles sur eux saisies, faute d'être marquées conformément aux Réglemens, & fait deffenses aux Parties de se pourvoir pour raison de ce ailleurs qu'au Conseil, à peine de nullité, cassation de procédures & Jugemens, de trois mille livres d'amende, & de tous dépens, dommages-interests.

Du 5 Mars 1743.

Arrest du Conseil, qui commet le Sieur Massart, Subdélégué Général de l'Intendance de Haynault, pour faire l'adjudication des grosses reparations à faire à la couverture de la Maison servant de Bureau des Fermes à Machipont, aux Haubertes situées aux portes de Mons & de Cardon à Valenciennes; & à celles situées aux portes de Tournay, du Marais, du Quesnoy & de Valenciennes à Condé, lesdites Maison & Haubertes appartenantes au Roy, & servans à l'exploitation des Fermes, du prix desquels ouvrages & reparations les Entrepreneurs seront payés sur les Ordonnances du Sieur Massart, par Jacques Forceville, Adjudicataire des Fermes, auquel il en sera tenu compte sur le prix de son Bail.

Du 6 Mars 1743.

* Jugement de la Commission du Conseil, établie à Rheims, qui condamne le nommé Pierre Lambinet, du Village de Very en Clermontois, en trois années de galeres, & en cinq cens livres d'amende, pour le cas de Contrebande en Tabac.

Du 6 Mars 1743.

* Jugement de la Commission du Conseil, établie à Rheims, qui condamne le nommé Pierre Braun, demeurant ordinairement au Village de Mener, Province des trois Evêchés, en cinq années de galeres, & en mille livres d'amende, pour crime de Faux-Saunage & Contrebande en Tabac, avec attroupement au-dessus du nombre de cinq, sans armes.

Du 6 Mars 1743.

* Jugement de la Commission du Conseil, établie à Rheims, qui condamne le nommé Arnoult Robert, Bourelier du Village de la Ferté, Prévôté de Carignan, en trois années de galeres, & le nommé Jean Colson, Berger du Village de Margu près

S,

S. Valfroy, en trois années de bannissement, & solidairement en cinq cens livres d'amende chacun, pour Faux-Saunage, & Contrebande en Tabac.

Du 7 Mars 1743.

* Jugement de la Commission du Conseil, établie à Rheims; qui condamne Marie-Françoise Robert, femme de Jean le Roy, Manouvrier du Village de Morlange en Lorraine, à être fustigée & bannie pour cinq ans, & en cinq cens livres de dommages & intérests, pour attroupement, voyes de fait, violences, & mauvais traitemens exercés sur les Employés des Fermes, & ordonne que les décrets de prise de corps décernés contre plusieurs Habitans dudit lieu de Morlange, seront exécutés.

Du 7 Mars 1743.

* Jugement de la Commission du Conseil, établie à Rheims, qui condamne les nommés Antoine Parviller & Jean Grevet, tous deux du Village de Fieuviller en Picardie, en cinq années de Galeres, & solidairement en mille livres d'amende chacun, pour Contrebande en Tabac avec attroupement au-dessus du nombre de cinq, sans armes.

Du 8 Mars 1743.

* Jugement de la Commission du Conseil, établie à Rheims, qui condamne le nommé Estienne Barbier, dit Prevost, du Village d'Autrebois en Picardie, en trois années de galeres, & en cinq cens livres d'amende, pour Contrebande & Faux-Saunage.

Du 9 Mars 1743.

* Jugement de la Commission du Conseil, établie à Rheims, qui condamne au blâme les nommés Jean Joly, & Jean Baptiste Thomas Vallembert, du Village de Rubempré en Picardie, & déclare ledit Joly indigne & incapable d'exercer aucune Charge ni Fonction publique, pour avoir, en qualité de Témoins, tû la vérité en Justice.

Du 9 Mars 1743.

* Ordonnance de Monsieur le Lieutenant Général de Police; qui condamne plusieurs Particuliers & Particulieres chacun en trois cens livres d'amende, pour avoir été trouvés vêtus d'Indienne.

Du 11 Mars 1743.

* Jugement de la Commission du Conseil, établie à Rheims, qui condamne le nommé Pierre Triquemaux, du Village d'Hirson en Tierache, en neuf années de galeres, & en mille livres d'amende, pour Contrebande en Tabac & Faux-Saunage, avec attroupement au nombre de cinq sans armes, & pour cas de recidive.

Du 12 Mars 1743.

* Arrest du Conseil, qui déclare commun pour le Port de Gravelines, celui du 16 Juin 1722, par lequel le Droit Local de trente sols est modéré à vingt-cinq sols par Raziere de Sel du poids de marc de 250 livres, venant de Brouage, Isles de Ré & d'Oleron, Aunis & Bretagne, à la destination du Calaisis, de l'Artois, du Boulonnois, & des Provinces du Pays conquis, à condition que les Marchands & Voituriers seront tenus de se fournir eux mêmes de sacs nécessaires, conformément audit Arrest du 16 Juin 1722.

Du 12 Mars 1743.

Arrest du Conseil, qui confisque dix-huit Muids & trois Feuillettes de Vin, faisant partie de vingt-cinq Muids trois Feuillettes entreposés & saisis chez le nommé Jean Piedmontois, Laboureur au Bourg de Meuvy situé dans les quatre lieues des limites de la Ferme & de la Lorraine, & le condamne en trois cens livres d'amende.

Nota. Cet Arrest juge conformément à deux précédens du 15 Avril 1738, que les 7 Muids manquant des 25 Muids 3 Feuillettes que Piedmontois avoit fait venir par acquit à Caution, sont plus que suffisans pour sa provision & celle de son Pere demeurant dans la même maison

Du 12 *Mars* 1743.

Arrest du Conseil, qui confisque un Tonneau & deux Caisses remplis de Poterie d'Angleterre, comme Marchandises prohibées, saisies au domicile & devant la boutique d'Antoine de Monchy, Marchand à Marseille, & le condamne en trois mille livres d'amende.

Du 12 *Mars* 1743.

Arrest du Conseil, qui commet M. l'Intendant de la Généralité d'Ausch & Pau, pour instruire & juger le Procès au Sieur Larregny pere, Négociant à S. Jean de Luz, accusé de mauvais traitemens par lui exercés le 15 Février précédent contre le Sieur de Vienne, Receveur des Fermes de ladite Ville, circonstances & dépendances.

Du 12 *Mars* 1743.

Arrest du Conseil, qui casse une Sentence du Bailliage de Beauvais du 22 Février précédent, & deffend au Procureur du Roy audit Bailliage, & aux Teinturiers de ladite Ville, de troubler ni inquieter les Sieurs le Maire, Entrepreneurs de la Manufacture Royale de Draperie de Bouflers dans l'exercice de la permission à eux accordée par l'Arrest du Conseil du 29 Janvier 1743, d'établir une Manufacture Royale de Teinture dans ladite Ville de Beauvais, dépendante & inséparable de la Manufacture Royale de Bouflers.

Du 12 *Mars* 1743.

Arrest du Conseil, qui évoque & renvoye pardevant le Sieur Colleau, Commissaire du Conseil à Rheims, les procédures commencées au Châtelet de Paris contre le nommé François Pochot, dont le Procès s'instruit à ladite Commission, pour crime de Contrebande, & accusé d'avoir fabriqué des Lettres de change sous un autre nom que le sien, attendu la connéxité qu'il y a entre le Commerce de Contrebande & les Lettres de change faites pour raison de ce Commerce.

Du 13 Mars 1743.

Arrest du Conseil, entre M. le Riche de la Poupliniere, Fermier Général, & M. le Riche de Chevigné, au sujet d'une Société faite entr'eux.

Du 13 Mars 1743.

* Jugement de la Commission du Conseil, établie à Rheims; qui condamne les nommés Henry Watrin, Manouvrier, & Nicolas Dubois, dit Colin, Berger, tous deux du Village de Hessange, Evêché de Metz, en cinq années de galeres, & Françoise Baudouin, femme dudit Dubois, en cinq années de banissement, & solidairement, en mille livres d'amende chacun, pour contrebande en Tabac avec attroupement au-dessus du nombre de cinq, sans armes.

Du 14 Mars 1743.

* Jugement de la Commission du Conseil, établie à Rheims, qui condamne le nommé Barthelemy Fernand, dit l'Espagnol, sans profession, natif de Madrid en Espagne, & demeurant ci-devant à Metz, en neuf années de galeres & en mille livres d'amende, pour Contrebande en Tabac & récidive, avec attroupement au-dessus du nombre de cinq, sans armes.

Du 15 Mars 1743.

* Jugement de la Commission du Conseil, établie à Rheims, qui condamne les nommés Catherine Gibert, dite la Monplaisir, blanchisseuse, Catherine le Gris, dite la Saint Laurent, couturiere, toutes deux demeurantes à Metz, & Claude Gosne, dit Claudot ou le petit Claude, Garçon sans profession de la Ville de Sarrelouis, en cinq années de bannissement, & solidairement, en mille livres d'amende chacun, pour Contrebande en Tabac.

Du 16 Mars 1743.

* Jugement de la Commission du Conseil, établie à Rheims; qui condamne le nommé Louis Loy, dit l'Opérateur, se disant Chirurgien, demeurant à la Ferme de Plaisance, Paroisse de Vienne le-Château en Clermontois, en neuf années de galeres, & en mille livres d'amende, pour Contrebande & Faux-Saunage, avec attroupement au nombre de cinq & au-dessus.

Du 18 Mars 1743.

* Jugement de la Commission du Conseil, établie à Rheims, qui condamne le nommé André Daumont, dit Catry, chasse-marée & cocquetier, du Village de Vignacourt en Picardie, en cinq années de galeres, & en mille livres d'amende, le nommé Antoine Feret, se disant laboureur & syndic de la communauté du Village de Bertrangle, aussi en Picardie, en trois années, & en cinq cens livres de dommages & intérests, pour Contrebande en Tabac.

Du 19 Mars 1743.

* Jugement de la Commission du Conseil, établie à Rheims, qui condamne à être fustigé & flétri, & en cinq années de galeres, le nommé Lambert Blihot, natif de Martinaret en Clermontois, pour les mauvaises manœuvres, perfidies & autres cas resultans du procès, & Nicolas Morel du Boille, ci-devant Capitaine Général des Fermes du Roy au Poste de Carignan, à faire amende honorable, & aux galeres perpétuelles, pour avoir autorisé lesdites manœuvres, avoir fait un faux procès-verbal, & avoir obligé ses Employés de le signer & de l'affirmer.

Du 22 Mars 1743.

* Jugement de la Commission du Conseil, établie à Rheims, qui condamne le nommé Jean-Baptiste Pouler, du Village de Cousenvoye en Vermandois, à être rompu vif, pour les assassinats, meurtres, vols, rebellions & crime de Contrebande en Tabac & Faux-Saunage, avec attroupement & port d'armes.

Du 26 Mars 1743.

* Déclaration du Roy, qui permet aux Officiers de la Chambre des Comptes de Paris de juger les comptes des exercices pairs & impairs dans les Semestres de Janvier & de Juillet, sans aucune distinction ni difference d'années d'exercices, jusqu'à ce qu'il en soit autrement ordonné. *Registrée en la Chambre des Comptes, le 3 Mars 1743.*

Du 26 Mars 1743.

* Jugement de la Commission du Conseil, établie à Rheims, qui condamne le nommé Pierre Masson, se disant Voiturier du Village des Islettes en Clermontois, en neuf années de galeres, & en mille livres d'amende, pour Contrebande avec attroupement.

Du 26 Mars 1743.

* Arrest du Conseil, qui ordonne que pendant dix années, à commencer du premier Janvier 1744, les Morues, tant vertes que seches, & les Huiles qui proviendront de la Pêche des Sujets de Sa Majesté à l'Isle Royale, appellée ci-devant l'Isle du Cap-breton demeureront déchargées dans tous les Ports du Royaume, tant de l'Océan, que de la Méditerranée, & à Ingrande, de tous Droits d'Entrées, tant des cinq grosses Fermes que locaux.

Du 28 Mars 1743.

* Jugement de la Commission du Conseil, établie à Valence, qui condamne Jean Perret, du lieu de Cheyla en Vivarez, à être pendu pour crime de Contrebande en Tabac, avec attroupement & port d'armes, au nombre de cinq & au-dessus, & pour avoir commis des vols, violences & excès.

Du 29 Mars 1743.

* Jugement de la Commiſſion du Conſeil, établie à Valence, qui condamne Crepin la Serve, dit Conſtantin, du lieu des Echelles en Savoye, à être pendu, pour crime de Contrebande avec attroupement & port d'armes, au nombre de cinq & au-deſſus, & pour avoir commis des vols, violences & excès.

Du 29 Mars 1743.

* Jugement de la Commiſſion du Conſeil, établie à Rheims, qui condamne le nommé Saumont, dit S. Jean ou le Grand S. Jean, & ci-devant Jean Vinchon, du Village de Noix en Picardie, à être rompu vif, pour les aſſaſſinats, meurtres, vols, rebellions & crimes de Contrebande en Tabac & Indiennes, avec attroupement & port d'armes.

Du 2 Avril 1743.

Arreſt du Conſeil, ſur la Requeſte de Jacques Forceville, Adjudicataire des Fermes Générales Unies, tendante à la caſſation d'une Sentence de la Juriſdiction des Traittes de Bordeaux du 2 Septembre 1740, & d'un Arreſt de la Cour des Aydes de ladite Ville, du premier Aouſt 1742, pour avoir fait mainlevée de vingt une Barriques de Vin ſaiſis ſur une Gabarre que l'on chargeoit pendant la nuit ſans permis ni congés du Fermier, ſous prétexte que la chaleur avoit été ſi grande pendant le jour, que les Vins auroient pû ſe gâter, & cependant condamné les nommés Boytens & Latapy, Matelots, avec Jacob Fernandés Juif de nation, à qui le Vin appartenoit, & qui avoit pris le fait & cauſe des deux Matelots, ſeulement en dix livres d'amende au profit des Pauvres; ordonne, avant faire droit, que ladite Requeſte ſera commuuiquée auſdits Matelots & Fernandés, pour y fournir de réponſe dans le délai de l'Ordonnance, ſinon ſera fait droit aux Parties.

Du 2 Avril 1743.

* Arreſt du Conſeil, qui ordonne la confiſcation de trois piéces de Serge de la Manufacture d'Hanvoile, envoyées de Beauvais à l'adreſſe du Sieur le Roy, Marchand Drapier de Paris, & ſaiſis à la Halle aux Draps de cette Ville, tant pour s'être trouvé trop étroites & graſſes, que pour autres défauts; & condamne tant ledit Sieur le Roy & les Fabriquans d'Hanvoile qui les ont fabriquées, que les Jurés du Bureau d'Hanvoile qui les ont marquées du Plomb de Fabrique, & les Gardes des Marchands de Beauvais qui y ont appliqué le Plomb de Controlle, quoiqu'elles fuſſent défectueuſes, aux amendes portées par l'Arreſt du Conſeil du 17 Septembre 1740.

Du 2 Avril 1743.

Arreſt du Conſeil, qui commet le Sieur Levet, Commiſſaire du Conſeil à Valence, pour juger le Procès tant à ceux qui ſeront prévenus de Contrebande & de Faux-Saunage enſemble, qu'à ceux qui ne feront que le Faux-Saunage ſeulement à port d'armes ou ſans armes, attroupés au nombre de cinq & au deſſus, même aux Marchands qui auront vendu le Faux Sel, & aux Complices, Fauteurs, Participes on Adhérans de tous leſdits faits, circonſtances & dépendances.

Du 2 Avril 1743.

Arreſt du Conſeil, qui proroge pendant trois années, à compter du 12 deſdits mois & an, l'attribution donnée à M. Barentin, Intendant de la Rochelle, par celui du 12 Avril 1740, pour conjointement avec les Officiers du Préſidial de ladite Ville, ou ceux de la Sénéchauſſée de Saintes, juger ſouverainement les Auteurs des vols de Sel qui ſe commettront pendant ledit tems, ſoit le jour ou la nuit, tant ſur les Marais ſalans des Provinces de Saintonge & d'Aunis, que ſur ceux des Iſles de Ré & d'Oleron, ainſi qu'à tous les Complices, Receleurs, Fauteurs, Participes ou Adhérans deſdits vols, circonſtances & dépendances.

Du

Du 6 Avril 1743.

* Jugement de la Commiſſion du Conſeil, établie à Valence, par lequel le nommé Claude Levet, Meûnier d'un Moulin appartenant au Sieur Préſident de Murat, ſitué au petit Lens en Dauphiné, a été condamné à mille livres d'amende, pour avoir ſouffert l'entrepoſt dans ledit Moulin de ſix balots de Tabac, & de pluſieurs fuſils appartenans aux Contrebandiers.

Du 9 Avril 1743.

Arreſt du Conſeil, qui commet le Sieur Heriard, Commiſſaire du Conſeil à Saumur, pour inſtruire & juger le procès au nommé Guillaume Borie, Commandant une Brigade d'Employés des Fermes à Coutances, accuſé de faire la Contrebande, d'avoir des relations avec les Fraudeurs, & chez lequel il a été ſaiſi trois piéces d'Indiennes le 16 Décembre 1742, circonſtances & dépendances.

Du 9 Avril 1743.

Arreſt du Conſeil, qui commet le Sieur le Boucher, Subdélégué Général de l'Intendance du Comté de Bourgogne, pour en la place de M. de Vanolles, nommé Intendant de l'Armée, juger toutes les affaires civiles & criminelles déja inſtruites & qui ſurviendront pendant l'abſence de M. de Vanolles, concernant la Ferme du Tabac dans ladite Province.

Du 9 Avril 1743.

Arreſt du Conſeil, qui permet au Sieur Vaſtel, Négociant à Rouen, d'y établir, ou aux environs, une Calandre pareille à celle de Laval, pour y faire calandrer les Toiles dont il fait commerce, ainſi que celles que d'autres perſonnes voudront y faire calandrer & donner les apprêts néceſſaires, avec deffenſes à toutes perſonnes de troubler ni inquieter ledit Sieur Vaſtel dans ledit établissement, à peine de tous dépens, dommages-intérêts.

Nota. Cet Arrest n'accorde aucun privilege ni exemption de Droits.

Du 9 Avril 1743.

Arrest du Conseil, qui déboute les Prieur & Religieux de l'Abbaye de S. Serge de la Ville d'Angers, de leur demande tendante à la reformation de celui du 25 Octobre 1740, qui a reglé les loyers des terres contenant les carrieres à Ardoises ouvertes ou à ouvrir aux environs de ladite Ville, à la somme de mille quarante livres par arpent, une fois payée, pour les Terres cultivées; à cinq cens vingt livres aussi par arpent de celles qui ne sont pas susceptibles de culture, ou un loyer par an, à raison du denier dix desdites sommes principales.

Du 9 Avril 1743.

* Déclaration du Roy, *registrée en la Cour des Aydes, le* 24 *May* 1743, portant Réglement pour l'exercice & les fonctions des Employés des Fermes du Roy, dans l'étendue des Provinces d'Artois, Cambresis, & du Haynault, limitrophes à la Picardie & au Soissonnois, & pour prévenir les fraudes qui peuvent être commises au préjudice des Droits desdites Fermes, à la faveur des privileges dont jouissent les Habitans desdites Provinces d'Artois, Cambresis & Haynault. *Contenant* 27 *Articles.*

Du 13 Avril 1743.

Arrest du Conseil, qui confirme l'Ordonnance des Députés généraux & ordinaires des Etats d'Artois, du 28 Février 1742, rendue en conséquence de la Délibération prise en l'Assemblée générale desdits Etats, tenue au mois de Novembre 1741, contenant differentes dispositions tendantes à prévenir & arrêter dans l'intérieur de ladite Province les fraudes qui s'y pouvoient commettre en contravention aux Ordonnances, pour y acheter ou vendre du Sel & du Tabac, & les faire passer dans les Provinces où la Ferme des Gabelles & le Privilege exclusif de la Vente du Tabac ont lieu, sans néanmoins déroger à tout ce qui peut avoir été précedemment ordonné par le Roy, son Conseil, les Commissaires départis ou les Députés géneraux & ordinaires des Etats d'Artois, pour prévenir dans l'intérieur de cette Province les fraudes qui s'y pourroient commettre, au préjudice des Fermes des Gabelles & du Tabac.

Du 13 Avril 1743.

* Arrest du Conseil, & Lettres Patentes, *registrées en la Cour des Aydes, le 24 May suivant*, qui réunissent à la Province de Picardie plusieurs Paroisses enclavées dans celle d'Artois, & à la Province d'Artois plusieurs Paroisses enclavées dans celle de Picardie, avec les Arrests du Conseil des 8 Septembre 1739, & 10 May 1740, & le Jugement des Commissaires du Conseil du 27 Juillet 1741, concernant lesdites enclaves.

Du 16 Avril 1743.

Arrest du Conseil, qui liquide à la somme de cinq cens seize mille cent livres seize sols six deniers, l'indemnité dûe à Jacques Forceville, Adjudicataire des Fermes Générales Unies, pour lui tenir lieu des Droits sur les Marchandises & autres effets mentionnés aux passe-ports expédiés par ordre du Roy, pendant la troisiéme année de son Bail.

Du 19 Avril 1743.

* Jugement de la Commission du Conseil, établie à Valence, par lequel Joseph Choles, Tisserand, du lieu de la Murette en Dauphiné, a été condamné à cinq années de galeres, pour avoir fait la Contrebande en Tabac, porte-à-col avec attroupement au nombre de cinq & au-dessus, & sans armes.

Du 20 Avril 1743.

* Jugement de la Commission du Conseil, établie à Valence,

par lequel Claude Castelnaud, Molinier de soye & Cabaretier demeurant à S. Chaumont en Lyonnois, a été condamné en mille livres d'amende, pour avoir donné sciemment retraite à des Contrebandiers & à leurs Chevaux, & de leur avoir fourni des vivres, tant chez lui, que dans une Grange, près de la dite Ville de S. Chaumont.

Du 23 Avril 1743.

Arrest du Conseil, qui commet le Sieur Heriard, Commissaire du Conseil à Saumur, pour instruire & juger le procès des nommés Chapuiset, S. Gerond & Gastineau, Employés des Fermes de la Brigade d'Arseüilles en Bourbonnois, accusés de s'être approprié une partie des Etoffes d'Indiennes par eux saisies le 27 Juin 1741.

Du 23 Avril 1743.

Arrest du Conseil, qui commet M. de Sechelles, Intendant en Flandres, pour faire l'adjudication des reparations à faire à plusieurs Aubettes ou Corps-de-gardes & Bâtimens appartenans au Roy & servans à la Régie des Fermes, tant dans les Villes & aux Portes de Lille, Bergues, Cambray, Bouchain, Nieuport & Dunkerque, que sur la Riviere de Lis; du prix desquels ouvrages & reparations les Entrepreneurs seront payés sur les Ordonnances dudit Sieur Intendant par Jacques Forceville, Adjudicataire des Fermes Générales Unies, auquel il en sera tenu compte sur le prix de son Bail.

Du 23 Avril 1743.

Arrest du Conseil, qui casse une Sentence de la Jurisdiction des Traittes de Marseille du 8 Mars précédent, pour avoir pris connoissance d'une saisie faite dans ladite Ville, sur le nommé Castillan, pour fausse déclaration dans le Poids, & confirme l'attribution à M. l'Intendant de la connoissance des contestations concernant la Ferme des Huiles.

Du 23 Avril 1743.

Arrest du Conseil, sur la Requeste de Jean Mirsin, Antoine Totin, Nicolas Gilquin de Parigny, & Nicolas Halez l'aîné, Huissiers Priseurs, Vendeurs de meubles & Commissaires aux Ventes à Paris, tendante à être maintenus dans le Droit de faire les Ventes des Meubles des Redevables des Droits des Fermes, au préjudice du Droit qu'a le Fermier de faire faire lesdites Ventes par tels Huissiers que bon lui semblera; ordonne que ladite Requeste sera communiquée à Jacques Forceville, Adjudicataire des Fermes Générales Unies, & à Gilles Landoy, premier Huissier Audiencier en l'Election de Paris, pour y fournir de réponse dans le délai de l'Ordonnance, avec deffenses aux Parties de se pourvoir pour raison de ce ailleurs qu'au Conseil.

Du 26 Avril 1743.

* Jugement de la Commission du Conseil établie à Valence, par lequel Thomas Boyer, du lieu du Roux, Paroisse de S. Maurice en Gaudemard, Province de Dauphiné, a été condamné aux galeres pour cinq ans, pour fait de Contrebande en Tabac avec attroupement au nombre de cinq & au-dessus, & sans armes.

Du 30 Avril 1743.

* Jugement de la Commission du Conseil, établie à Valence, par lequel Claude Eynardon, Cordonnier du lieu de la Murette en Dauphiné, a été condamné à servir comme Forçat sur les galeres du Roy pendant trois années, pour fait de Contrebande au-dessous du nombre de cinq, sans armes.

Du 30 Avril 1743.

Arrest du Conseil, qui commet le Sieur Levet, Commissaire du Conseil à Valence, pour instruire & juger le procès du nommé François-Nicolas, Habitant de la Paroisse de S. Vincent ne Dauphiné, accusé d'avoir jetté dans la cave du nommé Beller, de la même Paroisse, une carotte de faux Tabac, & averti ensuite les Employés de la Ferme d'aller faire visite chez ledit Nicolas, & saisir cette carotte de faux Tabac.

Du 30 Avril 1743.

Arrest du Conseil, qui évoque l'appel interjetté par Jacques Forceville, Adjudicataire des Fermes Générales Unies, d'une Sentence de la Jurisdiction des Fermes de Nantes, du 15 Décembre 1742, par laquelle le Sieur Augustin de Luynes, Armateur du Navire la Victoire de Nantes, a été renvoyé absous de la demande du Fermier, tendante à la confiscation d'une partie de Sucres venus des Isles au-de-là du produit de la vente de deux cens soixante-cinq Négres, & ce dans la vûe de jouir de la modération de moitié des Droits sur les Marchandises provenantes de la Traitte des Négres; ordonne que la Requeste du Fermier sera communiquée au Sieur de Luynes, pour y répondre dans le délay de l'Ordonnance, & deffend aux Parties de se pourvoir pour raison de ce, ailleurs qu'au Conseil.

Du 30 Avril 1743.

Arrest du Conseil, sur la Requeste de Jacques Forceville, Adjudicataire des Fermes Générales Unies, tendante à la cassation de celui de la Cour des Aydes de Rouen du 3 du même mois, par lequel, en infirmant une Sentence de l'Election de S. Lo, pour n'avoir pas prononcé la confiscation de neuf cens livres de faux Tabac, & des chevaux saisis en campagne sur le nommé Joseph Gombin, & condamné le Fermier aux dépens; ladite Cour a confisqué le Tabac; mais elle a renvoyé Gombin de l'action du Fermier, avec dépens, au lieu de le condamner en mille livres d'amende, & ce sous prétexte qu'un des Employés, qui ont fait la saisie, n'avoit prêté serment qu'en qualité de Commis de l'Entreposeur, sans avoir de Commission du Fermier; ordonne que ladite Requeste sera communiquée audit Gombin, pour y fournir de réponse, & être fait droit.

Du 2 May 1743.

* Jugement de la Commission du Conseil, établie à Valence, par lequel Christophle Pienne, du lieu des Avenieres en Dauphiné; François Rosetain, dit Gaudet, du lieu de S. Maurice de Rotteran, près S. Genis en Savoye; Pierre Guynot, du lieu de Biolle en Dauphiné, & Guillaume Gavin, de la Paroisse de They, même Province, ont été condamnés à cinq années de galeres, pour avoir fait la Contrebande en Tabac, avec attroupement au nombre de cinq & au-dessus, & sans armes.

Du 3 May 1743.

* Jugement de la Commission du Conseil, établie à Valence, par lequel Nicolas Perrier, du lieu de Montdauphin en Brie, ci-devant Brigadier des Fermes du Roy à Château-Chinon en Nivernois, a été condamné à neuf années de galeres, pour avoir arrêté le nommé Nicolas Corrotte, Contrebandier, le 15 Septembre 1741, l'avoir fouillé & trouvé sur lui une bourse dans laquelle il y avoit une somme d'environ cent quatre-vingt livres, dont il ne fut fait aucune mention, non plus que de la capture & évasion ensuite dudit Corrotte, dans le procès-verbal qu'il dressa de la saisie d'un cheval & de quarante deux livres de Tabac; & par le même Jugement Gaspard Nettement, dudit lieu de Château-Chinon, ci-devant Employé de la même Brigade, a été condamné à trois années de galeres, pour avoir été a ladite capture, vû fouiller & compter l'argent trouvé audit Corrotte par ledit Perrier.

Du 5 May 1743.

* Déclaration du Roy, en intepprétation de l'Ordonnance du mois de Juillet 1681, concernant les Droits d'abord & de consommation; ordonne que le Poisson de Mer frais, sec & salé, entrant par terre dans la Province de Picardie, pour y être consommé ou transporté ailleurs, sera sujet ausdits Droits dans tous les cas où il ne sera point justifié provenir de la Pêche Françoi-

se, à l'exception de celui qui sera déclaré pour la Ville de Paris, qui est exempte du Droit de consommation seulement.

Du 6 May 1743.

* Jugement de la Commission du Conseil, établie à Valence, par lequel Marie Boudrillot, femme de Jean Rousselot, Cabaretier à S. Jean-le-Bœuf en Bourgogne, a été condamnée au bannissement à perpétuité hors des Provinces de l'étendue de la Commission, pour avoir fait & excité, le 4 Décembre 1742, une rebellion contre les Employés des Fermes de la Brigade de Dijon, & d'avoir fait en récidive la Contrebande en Tabac.

Du 6 May 1743.

*Jugement de la Commission du Conseil, établie à Valence, par lequel Jean-Claude Quinard, Laboureur, du lieu du Petit-Noir en Franche-Comté, a été condamné aux galeres pour cinq ans, pour avoir fait la Contrebande en Tabac, au nombre de cinq & au-dessus, & sans armes.

Du 7 May 1743.

* Jugement de la Commission du Conseil, établie à Valence; par lequel le nommé François Mongin, dit Pointu, Batelier à Poncey près Auxonne en Bourgogne, a été condamné en mille livres d'amende, pour avoir traversé sur la Saone des Contrebandiers qu'il a connu pour tels, avec leurs Tabacs & chevaux.

Du 7 May 1743.

* Jugement de la Commission du Conseil, établie à Valence, par lequel Jacques Maillot, dit la Croix, du lieu d'Arcy sur Aube, a été condamné aux galeres perpétuelles, pour avoir fait la Contrebande en récidive depuis son retour des galeres; à quoi il avoit été condamné pour pareil fait; & Claude Veuilly, dit Fribourg; Pierre-Antoine Bourgeois, & Humbert Deschamps, demeurans à Bezançon, ont été condamnés par le même Jugement

ment aux galeres pour trois ans, pour avoir été arrêtés portant du Tabac au-dessous du nombre de cinq, & sans armes.

Du 7 May 1743.

Arrest du Conseil, qui accorde au Sieur Jean-Jacques-Clement Hubert, le privilége exclusif pendant trente années, d'établir à Paris, Lyon, Tours, Marseille, & autres Villes du Royaume, une Calandre Royale pour l'apprêt des Etoffes de Moires, pareille à celle qu'il a fait faire à Londres, & dont se servent les Anglois pour calandrer les Moires de leurs Fabriques, avec deffenses à toutes personnes d'en faire construire de pareilles, à peine de tous dépens, dommages-intérests.

Nota. Cet Arrest n'accorde aucun privilége ni exemption de Droits.

Du 8 May 1743.

* Jugement de la Commission du Conseil, établie à Valence, par lequel Jean-Claude & Pierre Fahy, & François Russeau, du lieu de Laumont en Franche-Comté, ont été condamnés à cinq années de galeres, pour avoir fait la Contrebande en Tabac au nombre de cinq & au-dessus, & sans armes.

Du 8 May 1743.

* Jugement de la Commission du Conseil, établie à Valence, qui condamne François Gaugé, dit Comtois, Cocher de la Dame de Gissey, demeurant à Dijon, à trois années de galeres, pour avoir fait commerce de Tabac qu'il a acheté de plusieurs Contrebandiers, & pour les avoir favorisés pour l'introduction desdits Tabacs dans ladite Ville de Dijon.

Du 9 May 1743.

* Jugement de la Commission du Conseil, établie à Valence; par lequel Philibert Maréchal, dit des Jardins, Cabaretier à Arc sur Tylle en Bourgogne, a été condamné à mille livres

d'amende, pour avoir donné retraite & fourni des vivres à des Contrebandiers, & les avoir favorisé, en refusant de déclarer leur passage aux Employés.

Du 10 *May* 1743.

* Jugement de la Commission du Conseil, établie à Valence, par lequel Pierre Descourt, dit la Montagne, du lieu du Fay en Vivaretz, a été condamné aux galeres pour trois ans, pour avoir fait commerce de Tabac de Contrebande qu'il a acheté de differens Fraudeurs, & revendu en détail.

Du 11 *May* 1743.

* Jugement de la Commission du Conseil, établie à Valence, par lequel François Trouillard, dit la Roche, du lieu de Fletrans en Bourgogne, a été condamné aux galeres perpétuelles, pour avoir fait la Contrebande en Tabac avec attroupement, au nombre de cinq & au-dessus & sans armes, en récidive, depuis sa sortie des galeres; à quoi il avoit été condamné pour pareil fait.

Du 13 *May* 1743.

* Jugement de la Commission du Conseil, établie à Valence, par lequel Jean-Baptiste Bouillan, du lieu d'Anan, près de Chaussin en Franche-Comté, a été condamné aux galeres pour cinq ans, pour avoir fait la Contrebande en Tabac, au-dessus du nombre de cinq & sans armes; & par le même Jugement Françoise Vannier, du lieu de Raon en Franche-Comté, femme de Sebastien Farcillon, Dragon dans le Régiment de Mailly, Compagnie Colonelle, a été condamnée à être battue & fustigée de verges par l'Exécuteur de la Haute Justice, dans les places & carrefours de la Ville de Valence, & à l'un d'iceux marquée sur l'épaule dextre avec un fer chaud portant l'empreinte d'une Fleur de Lys, pour avoir fait la Contrebande en Tabac & en Indienne.

Du 14 May 1743.

* Jugement de la Commission du Conseil, établie à Valence, par lequel Jacques Rolland, du lieu de Planet, Paroisse de Beauzelle en Savoye, a été condamné au bannissement pour cinq années hors des Provinces de l'étendue de la Commission, pour avoir fait la Contrebande en Indiennes.

Du 14 May 1743.

Arrest du Conseil, qui évoque l'appel interjetté par Jacques Forceville, Adjudicataire des Fermes Générales Unies, d'une Sentence de la Jurisdiction des Traittes de Nantes du 26 Janvier précédent, par laquelle le Fermier a été renvoyé de sa demande, tendante à la confiscation des Sucres & autres Marchandises arrivées en France, excédans la somme de trois cens quatre-ving-un mille trois cens soixante-quinze livres qu'a produit la vente de trois cens soixante-seize Négres introduits au Cap François le 2 Juin 1738, par le Navire la Galatée, appartenant au Sieur Millet, Armateur, dont ledit Millet n'a payé que la moitié des Droits d'Entrée, sous prétexte que la totalité des Sucres & Marchandises provenoient toutes de la Traitte de ses Négres; ordonne que la Requeste du Fermier sera communiquée tant à la Veuve du Sieur Millet, qu'au Sieur de Luynes de la Boustiere & Baudouin, Négocians à Nantes, intéressés dans ladite Traitte, pour y répondre dans le délai de l'Ordonnance, avec deffenses de procéder ailleurs qu'au Conseil.

Du 14 May 1743.

Arrest du Conseil, qui évoque & renvoye pardevant M. l'Intendant de la Généralité de Limoges, une contestation élevée entre les Intéressés en la Manufacture Royale des Papiers de la Province d'Angoumois, & les Sieurs Thenaut & de Verneuil, à l'occasion de la construction qu'a fait faire ledit Sieur Thenaut d'une chaussée ou bâtardeau sur l'une des branches de la Riviere de Boisne, qui porte prejudice aux Moulins à Papier qu'exploitent lesdits Sieurs Intéressés sur l'autre branche de la même Riviere.

Du 14 May 1743.

Arrest du Conseil, qui commet le Sieur le Boucher, Subdélégué Général de l'Intendance de Franche-Comté, pour instruire & juger le Procès aux Auteurs, Fauteurs, Complices, Participes ou Adhérans, des violences, voyes de fait & mauvais traitemens exercés le 4 Avril précédent dans le Village de Quers, Bailliage de Vezoul, contre le nommé Vienot & trois Employés des Fermes de la Brigade ambulante dudit lieu, & du meurtre commis en la personne de François Brasseur, Cavalier au Régiment du Roy.

Du 14 May 1743.

Arrest du Conseil, qui commet le Sieur Heriard, Commissaire du Conseil à Saumur, pour instruire & juger le procès tant au Métayer de la Métairie appellée la Chetiviere, Paroisse de la Chapelle du Genet, qu'aux autres Auteurs & Complices du meurtre commis dans la grange dudit Métayer de deux Employés des Fermes de la Brigade de S. André de la Marche, du nombre de quatre qui s'y étoient retirés pour y passer la nuit.

Du 16 May 1743.

* Jugement de la Commission du Conseil, établie à Valence, par lequel Jean Gailliard, Cabaretier au lieu de Bessac, Paroisse de S. Jean de Nay en Velay, a été condamné en mille livres d'amende, pour avoir fourni des Vivres à des Contrebandiers qu'il a connus pour tels, & même d'avoir acheté de l'un d'eux environ huit livres de Tabac.

Du 19 May 1743.

Ordonnance de M. de Machault d'Arnouville, Intendant du Haynault, portant que les Propriétaires des batteaux, bragues ou barquettes qui sont à la porte de la Charbonniere à Givet, seront tenus, après la fermeture de ladite porte, de les remonter tous les soirs jusqu'au Port, & de les y attacher suivant l'ancien usage observé, à peine de confiscation des Marchandises qui se trouveront sur iceux, & de trois cens livres d'amende.

Du 21 May 1743.

Arrest du Conseil, portant que sans aucun délai le Sieur Brusset, Greffier Criminel au Châtelet de Paris, envoyera au Greffe de la Commission du Sieur Colleau à Rheims, conformément à l'Arrest du 12 Mars précédent, les Minuttes des procédures commencées par M. le Lieutenant Criminel audit Châtelet, contre le nommé François Pachot, accusé de faire la Contrebande, pour raison de cinq Lettres de change par lui signées sous un autre nom que le sien, ensemble lesdites cinq Lettres de change, & généralement toutes les autres piéces & procédures concernant lesdites Lettres de change que ledit Brusset peut avoir en sa possession; à quoi faire contraint par corps.

Du 21 May 1743.

Arrest du Conseil, qui par grace releve le Sieur Mulot, Greffier de l'Amirauté de Calais, de l'interdiction contre lui prononcée par autre Arrest du Conseil du 15 Février précédent, lui enjoint d'être à l'avenir plus circonspect, & de se conformer aux Réglemens dans l'exercice des fonctions de sa Charge, sous telles peines qu'il appartiendra.

Du 28 May 1743.

* Arrest du Conseil, & Lettres Patentes, portant deffenses de vendre du Tabac rapé sans la permission du Fermier, à peine de confiscation tant du Tabac que des moulins, rapes & ustenciles servant audit Commerce & de mille livres d'amende.

Rgistrées en la Cour des Aydes de Paris, le 30 Juillet 1743; au Parlement de Dijon, le 31; en celui de Grenoble, le 11; en celui de Rennes, le 8; en celui de Pau, le 6; en celui de Metz, le 4; à la Cour des Aydes de Bordeaux, le 20; en celle de Rouen, les 4 & 5 en celle de Montpellier, le 16; en celle de Montauban, le 13; en celle de Clermont-Ferrand, le 4; au Conseil Superieur de Perpignan, le 11 du même mois de Juillet, & à la Cour des Aydes d'Aix, le 28 Novembre de ladite année 1743.

Du 31 May 1743.

*Arrest du Conseil, qui fixe à quarante sols du cent pesant, les Droits d'Entrées du Royaume sur les laines non filées, & à trois livres, aussi du cent pesant, sur celles filées venant d'Angleterre.

Du 4 Juin 1743.

Arrest du Conseil, qui commet le Sieur le Boucher, Subdélégué Général de l'Intendance du Comté de Bourgogne, pour, au lieu & place de M. de Vanolles, nommé Intendant de l'Armée, instruire & juger le procès commencé par Sieur de Vanolles, en consequence de l'Arrest du 18 Avril 1741, contre le nommé Parquez, Marchand à Pontarlier, pour raison de l'introduction qu'il a fait faire dans le Royaume des Marchandises prohibées, mentionnées au procès-verbal des Employés des Fermes, au Bureau de Pontarlier, du 12 Novembre 1739; ensemble aux Complices, Fauteurs, Participes ou Adhérans de ladite Contrebande.

Du 4 Juin 1743.

Arrest du Conseil, qui commet le Sieur Levet, Commissaire du Conseil à Valence, pour instruire & juger le procès aux Auteurs des violences & mauvais traitemens exercés le 12 May précédent, contre les Employés des Fermes des Brigades ambulantes établies au Mont S. Vincent & Paray, & de la Rixe arrivée entre les nommés Moreau, Flament & autres, & lesdits Employés dans le lieu de Conches.

Du 10 Juin 1743.

Arrest du Conseil, qui admet M. Mazade de Beaubigny dans les Fermes Générales à la place de M. son Pere.

Du 10 *Juin* 1743.

Arest du Conseil, qui admet M. de Cuisy dans la Ferme Générale à la place de M. de la Porte.

Du 13 *Juin* 1743.

* Ordonnance du Roy, portant Réglement sur la reception des Capitaines, Maîtres & Patrons dans les Colonies Françoises de l'Amérique. *Contenant 6 Articles.*

Du 18 *Juin* 1743.

Arrest du Conseil, qui commet M. l'Intendant de la Généralité d'Ausch & Pau, pour instruire & juger le procès au nommé Latapy, dit Frisat, Garde de la Brigade des Fermes au S. Esprit, près Bayonne, accusé d'avoir induit des Soldats des Bandes Bourgeoises à introduire du Tabac de Contrebande dans ladite Ville de Bayonne, qu'il leur portoit lui-même.

Du 18 *Juin* 1743.

* Arrest du Conseil, qui ordonne que les Mouchoirs ou Fichus de Soye seront marqués à la tête & à la queue de chaque Piéce, d'un plomb portant d'un côté les Armes de la Ville où ils auront été fabriqués, & de l'autre le nom du Fabriquant, à peine de confiscation & de vingt livres d'amende pour chaque douzaine de Mouchoirs.

Du 18 *Juin* 1743.

Arrest du Conseil, qui permet au Sieur de Petremond, Seigneur de Valay, Capitaine dans le Regiment des Cuirassiers, de faire passer en Lorraine les Fontes provenantes de son Fourneau de Valay en Franche-Comté, en exemption des Droits de sortie portés par l'Ordonnance de 1680, & autres Réglemens, & notamment par l'Arrest du Conseil du 2 Avril 1701.

Du 20 Juin 1743.

* Réglement concernant l'exploitation de la Pêche de la Morue à l'Isle Royale. *Contenant 32 Articles.*

Du 24 Juin 1743.

* Arrest du Conseil, qui ordonne que les Marchandises du cru des Isles Françoises de l'Amérique, qui seront destinées pour être transportées à l'Isle Royale, seront déchargées jusqu'au premier Janvier 1747, du Droit de Poids d'un pour cent, & que celles du crû desdites Isles, destinées tant pour ladite Isle Royale, que pour le Canada, seront déchargées pendant ledit tems, du Droit de trois pour cent du Domaine d'Occident, ensemble du Droit de quarante sols par quintal sur les Sucres qui y seront envoyés desdites Isles.

Du 24 Juin 1743.

* Arrest du Conseil, qui casse une Sentence des Juges des Traittes de Rouen, du 25 May précédent, contenant un Réglement par lequel ils s'attribuent une inspection sur la Régie des Fermes du Roy, & une autorité sur les Commis préposés à ladite Régie, contre les dispositions du Titre 12 de l'Ordonnance de 1687, & leur deffend de rendre de pareilles Sentences, à peine d'interdiction.

Du 24 Juin 1743.

Arrest du Conseil, sur la Requeste de Jacques Forceville, Adjudicataire des Fermes Générales Unies, tendante à la cassation de celui du Grand Conseil du 27 Mars précédent, par lequel M. le Marquis de Reaux, Seigneur du Village de Cocloy, a été admis à la preuve de ses faits justificatifs avant la visite d'un procès intenté contre lui, pour raison d'excès, violences & rebellions commis tant par lui que par ses Domestiques & Vassaux, à l'occasion de la capture d'un Contrebandier

dier arrêté pour du faux Tabac par les Employés de la Brigade ambulante de Troyes près ledit Village de Cocloy ; ordonne que la Requeste du Fermier sera communiquée à M. le Marquis des Reaux, pour y répondre dans le délai du Réglement, & que M. le Procureur Général du Grand Conseil envoyera à M. le Controlleur Genéral des Finances les motifs dudit Arrest du 27 Mars, toutes choses demeurantes en état.

Du 24 Juin 1743.

* Arrest du Conseil, & Lettres Patentes, *registrées en la Cour des Aydes, le 2 Aoust suivant*, portant Réglement pour l'imposition, levée, perception & régie des Droits des Cinq Grosses Fermes, Gabelles, Tabac, Aydes, Domaines, & autres dépendantes des Fermes & Sous-Fermes dans les Paroisses, Villages, Hameaux, Fermes & Censes réunis à la Province de Picardie, par Arrest & Lettres Patentes du 13 Avril 1743. *Contenant 11 Articles.*

Du 24 Juin 1743.

Arrest du Conseil, qui ordonne, conformément à celui du 13 Avril précédent, que les Habitans & Biens-tenans des Paroisses, Villages, Hameaux, Fermes & Censes de Vaux, Haravesne, Raye, Rapechy, Noeux, Rollepot, Ligny, Rasche, Fortel, Drucas, Ligny-Prieuré, le Quesnoy, Fondeval, Caveron, Duplanty, Dusedoy, Brimeux, l'Epinoy, Villers-l'Hôpital, l'Abbaye de Dommartin, & les Parties de Dompierre la Broye & Villancourt, qui sont au-de-là de la Riviere d'Authie, du côté de l'Artois, & enclavées dans ledit Pays ou Limithrophes de la Province de Picardie, demeureront à l'avenir assujettis à toutes les impositions qui se levent par les Etats d'Artois ; au moyen de quoi lesdits Habitans jouiront des mêmes Droits & Priviléges dont jouissent les autres Habitans d'Artois, & seront exempts de toutes les Impositions qui se levent en Picardie.

Du 24 Juin 1743.

Arrest du Conseil, pour faire contribuer aux Impositions qui se levent dans la Province d'Artois, les Habitans des Paroisses, Villages, Hameaux, Fermes & Censes déclarés faire partie de ladite Province, par celui du 13 Avril précédent, & attribue à l'Election Provinciale d'Artois la connoissance des contestations au sujet desdites Impositions, & pour fait de Noblesse, & par appel en dernier ressort au Conseil d'Artois

Du 28 Juin 1743.

* Sentence de Police, qui déclare bonne & valable la saisie de quinze Sacs de grosse Farine, faite sur le nommé Hallé, & le condamne à l'amende, pour avoir fait des achats de Bled en-dedans les dix lieues de la Ville de Paris, au préjudice des deffenses portées par les Arrests du Parlement & Ordonnances rendues à ce sujet.

Du 2 Juillet 1743.

Arrest du Conseil, qui commet le Sieur Levet, Commissaire du Conseil à Valence, pour instruire & juger le Procès au nommé Guillain, Receveur des Fermes au Bureau d'Entredeuxguiers, accusé de s'être attribué & d'avoir diverti les deniers de sa Recette.

Du 2 Juillet 1743.

Arrest du Conseil, qui évoque l'appel interjetté par Jacques Forceville, Adjudicataire des Fermes Générales Unies, d'une Sentence de la Jurisdiction des Traittes de Nantua du 12 Juin précédent, par laquelle il a été fait mainlevée de deux Batteaux chargés de foin, saisis par les Employées des Fermes de la Brigade de Culles sur le Sieur Fayol, Commis des Vivres de l'Armée d'Espagne, qui vouloit les faire passer à cette Armée sans déclaration ni payement des Droits de Sortie, pour sur ledit appel, circonstances & dépendances être fait droit aux Parties, & leur deffend de se pourvoir pour raison de ce ailleurs qu'au Conseil, à peine de nullité, cassation de Procédures & Jugemens, & de trois mille livres d'amende.

Du 11 Juillet 1743.

* Ordonnance de M. Feydeau de Brou, Intendant de la Généralité de Paris, contenant ce qui doit être observé pour la recherche & amas des Salpêtres, & fabrication des Poudres; exempte les Salpêtriers du logement des Gens de guerre, d'ustencile & de toutes contributions, & leurs Enfans, Ouvriers & Domestiques de tirer pour la Milice; fixe à cinquante sols pour toutes choses la Cotte de la Taille des Salpêtriers; deffend de les nommer Collecteurs, & à tous Fermiers, Commis & Préposés à la levée des Droits qui se perçoivent aux portes, ponts & passages d'exiger aucuns Droits pour l'Entrée des Salpêtres & Poudres, ni pour le Péage desdits Salpêtres, Bêtes, Chevaux & Harnois portant terres, bois, Salpêtres, cendres & autres ustenciles à l'usage desdits Salpêtriers, avec injonction ausdits Fermiers & Commis de laisser passer & repasser lesdites Marchandises & ustenciles, sans exiger aucune soumission à ce sujet; le tout conformément à l'Arrest du Conseil, du 24 Mars 1716.

Du 16 Juillet 1743.

* Réglement & Lettres Patentes du Roy, *registrées au Parlement, le 30 desdits mois & an*, pour la Fabrique des Bas & autres Ouvrages de Bonneterie au métier qui se font dans le Royaume, contenant 61 Articles, dont les 38, 39, 40, 41, 42 & 43 indiquent les differentes marques, noms & plombs qui doivent être apposés sur chaque Piéce de Bas & autres Ouvrages au métier, & deffendent aux Fabriquans & Ouvriers de mettre sur leurs Ouvrages d'autresnoms & marques que les leurs; le tout à peine de confiscation de leurs Ouvrages & des amendes portées par lesdits Articles. Le cinquantiéme deffend à tous Marchands Forains, Voituriers, Messagers & autres, d'entreposer ni décharger aucuns desdits Ouvrages de Bonneterie ailleurs que dans les Bureaux des Marchands, & à tous Marchands, Aubergistes & autres de les recevoir dans leurs maisons & auberges; le tout à peine de confiscation & de trois cens livres

noncées par Jugement de M. l'Intendant de la Généralité d'Ausch & Pau du 11 Février précédent, contre les Habitans de la Communauté de Bonac, pour rebellion par eux commise contre les Employés des Fermes à l'occasion de la déplantation du Tabac semé par differens Particuliers de la Vallée de Couserans; maintient aussi par grace les Habitans de ladite Communauté de Bonac, dans le libre usage de leurs Priviléges & de leurs Communaux, dont la revocation avoit été prononcée par ledit Jugement, à la charge de payer annuellement au Domaine du Roy une redevance ou albergue de dix livres, pour jouir desdits Communaux; ordonne, conformément au même Jugement, que lesdits Habitans demeureront désarmés, & que leurs armes seront déposées dans la Maison commune de Bonac, dont les Consuls garderont la clef, sans que, sous aucun prétexte, lesdits Consuls puissent remettre lesdites armes aux Habitans, que dans le cas d'une nécessité indispensable, soit pour leur légitime deffense, en cas d'invasion de la part de quelque Peuple Etranger, soit pour la chasse des Bêtes féroces, & à la charge par lesdits Consuls de les faire remettre incontinent après dans ladite Maison commune, à peine d'en demeurer responsables en leurs noms; ordonne au surplus l'exécution dudit Jugement du 11 Février de ladite année 1743.

Du 30 Juillet 1743.

* Arrest Contradictoire du Conseil, confirmatif de ceux du Parlement des 6 Septembre 1731 & 5 Juillet 1738, rendus en faveur du Corps des Marchands Epiciers, & Apoticaires-Epiciers de la Ville & Faux-bourgs de Paris, contre la Communauté des Limonadiers de la même Ville, par lesquels Arrests du Parlement il est reglé les quantités & nature de Marchandises & Liqueurs qui peuvent être vendues & débitées concurremment ou exclusivement par les deux Communautés, comme Eaux-de-vie, Esprit de Vin, Liqueurs, Caffé, Thé, Chocolat, tant en gros qu'en détail, & la distilation des Eaux-de-vie & autres Liqueurs.

Du 30 Juillet 1743.

* Ordonnance de M. l'Intendant de la Généralité de Paris, qui renouvelle les deffenses qui sont faites aux Huissiers, autres que ceux du Conseil, de faire aucune signification d'Actes, Requestes & Procédures du ministere desdits Huissiers du Conseil, à peine de nullité, d'interdiction, de trois cens livres d'amende & de tous dépens, dommages & intérêts.

Du 30 Juillet 1743.

Arrest du Conseil, qui valide la procédure faite en l'absence de M. l'Intendant de Franche-Comté par le Bailly de Fougerolles, à l'occasion des injures, excès, voyes de fait, & mauvais traitemens exercés le 11 Mars 1742, tant en la personne d'Antoine Villermin, l'un des Employés des Fermes au Poste dudit lieu de Fougerolles, qu'en celles des autres Employés du même Poste & de la Brigade de S. Sauveur, qui étoient accourus aux cris dudit Villermin, jusqu'à la Sentence rendue par ledit sieur Bailly, le 16 Juin 1742, exclusivement, ainsi que les Ordonnances & Jugemens rendus par M. l'Intendant sur le même fait, les 11 Juillet, 27 Octobre, 4 & 11 Décembre suivant, évoque & renvoye pardevant le Sieur le Boucher, Subdelegué Général de l'Intendance, pour être le tout jugé par ledit le Boucher, suivant les derniers erremens.

Du 30 Juillet 1743.

Arrest du Conseil, qui commet le Sieur Heriard, Commissaire du Conseil à Saumur, pour instruire & juger le procès aux Auteurs, Complices, Fauteurs, Participes & Adhérans de la rebellion faite aux Employés des Fermes des Brigades de S. Ouen, de la Roirie & Coegle le 15 Juin précédent, dans le Village de Montanel, étant à la poursuite de plusieurs Chevaux chargés de Marchandises prohibées, circonstances & dépendances.

Du 30 Juillet 1743.

Arrest du Conseil, qui commet le Sieur Colleau, Commissaire du Conseil à Rheims, pour instruire & juger le procès aux nommés Orleans & Pelletier, dit Terrier, Chefs de bandes de Contrebandiers, arrêtés le 10 Juin précédent, dont ledit Pelletier est accusé d'avoir assassiné dans le Barrois, le 16 Juillet 1742, le nommé Person, Employé des Fermes de la Brigade de Vaubecourt, & à leurs Complices, Fauteurs, Participes ou Adhérans.

Du 30 Juillet 1743.

Arrest du Conseil, qui casse une Ordonnance de M. l'Intendant de Picardie du 4 Janvier précédent, pour avoir déchargé le nommé Boury, Courier des Lettres de Peronne à Bapaume, de l'amende par lui encourue, à l'occasion d'une saisie faite sur lui de quatre-vingt-quinze aulnes d'Indiennes, par les Employés des Fermes à Peronne; confisque la Marchandise, & le condamne en trois cens livres d'amende.

Du 30 Juillet 1743.

Arrest du Conseil, qui accorde aux Sieurs Louis & Guy la Forest, freres, Marchands Fabriquans à Limoges, un privilége exclusif, pendant vingt années, de fabriquer dans la Ville de Limoges, & dix lieues à la ronde, toutes sortes d'Etoffes de cotton mêlé avec de la soye, du fleuret, de la laine & du poil de chevre; deffend de les troubler dans l'exercice de leur Privilége, à peine de tous dépens, dommages-intérests, à l'exception du Sieur Rosnier, Fabriquant à Limoges, qui est maintenu dans la faculté à lui accordée de continuer la Fabrique qui lui est permise, & de l'augmenter jusqu'à six métiers seulement; exempte pendant le tems dudit Privilége lesdits Sieurs la Forest, leurs Veuves & Enfans & Fabriquans, de logement de Gens de guerre, fourages, ustenciles, collecte, syndicat, tutelle, curatelle & autres charges publiques; ordonne qu'ils seront taxés d'Office à la Taille & autres Impositions par le Sieur Intendant de la Province, & exempte

exempte leurs Enfans de la Milice ; le tout à la charge & condition d'avoir toujours cinquante métiers battans, à peine de révocation dudit Privilége, lequel n'accorde aucune exemption des Droits des Fermes.

Du 30 Juillet 1743.

Arrest du Conseil, qui par grace & sans tirer à consequence, modere à quatre cens soixante-deux livres dix sols differentes amendes prononcées par Ordonnance de M. de Bernage, Intendant en Languedoc, du 5 Décembre 1739, contre les Sieurs Jacques & Joseph Massiac, interessés dans les Manufactures d'Etoffes de la Terrasse & d'Autrive, pour plusieurs contraventions aux Réglemens concernant lesdites Manufactures, en ne tenant pas leurs Registres dans la forme prescrite, &c.

Du mois d'Aoust 1743.

* Edit du Roy, *Registré au Parlement le 26 Aoust suivant*; par lequel, en confirmant M. le Duc de Penthievre & ses Successeurs en la Charge d'Amiral de France, dans la possession & jouissance du Droit attribué à ladite Charge, du Dixiéme des Prises & Conquêtes faites à la Mer ; Ordonne, du consentement de M. le Duc de Penthievre, que le Dixiéme desdites Prises ne sera perçu que sur le produit net d'icelles revenant aux Armateurs, &c. *Contenant 5 Articles.*

Du premier Aoust 1743.

* Ordonnance du Roy, portant Réglement pour les frais de conduite à payer aux Gens de Mer congédiés dans d'autres Ports que ceux où les Vaisseaux auront été armés. *Contenant* 10 *Articles.*

Du 2 Aoust 1743.

* Jugement de la Commission du Conseil, établie à Rheims, qui condamne les nommés Pierre Bourse, Claude Cavel, & Jean-Baptiste Gaussin, Employés des Fermes du Roy dans les Brigades de Bric & Eterpigny en Picardie, aux galeres perpé-

tuelles, & solidairement en mille livres d'amende chacun pour Contrebande en Tabac & Faux-Saunage.

Du 2 Aoust 1743.

* Jugement de la Commission du Conseil, établie à Rheims; qui condamne la nommée Catherine le Gris, dite S. Laurent, Veuve de Laurent Fortier, Couturiere du Village de Fey, Evêché de Metz, & demeurante ci-devant audit Metz, à être fustigée, flétrie & bannie pour neuf ans, pour avoir rompu son Ban.

Du 3 Aoust 1743.

* Jugement de la Commission du Conseil établie à Rheims; qui condamne les nommés Jean Douel, Jean-Georges Meunier, dit S. Georges; Nicolas Hocquel, dit Calette, & Charles Billot, en neuf années de galeres; & les nommés Dominique Hilaire, Jean Maurice, Dominique Renault, Claude Boulay, Antoine Duplaint, & Nicolas Charpentier, en cinq années, & solidairement en mille livres d'amende chacun, pour Contrebande en Tabac avec attroupement, excès & mauvais traitemens commis sur deux Employés des Fermes.

Du 5 Aoust 1743.

* Jugement de la Commission du Conseil, établie à Saumur; qui condamne les nommés André la Niboire, ci-devant Employé des Fermes dans la Brigade du Sceau en Anjou, en neuf années de galeres, pour crime d'infidélité commise dans son emploi, & Jean Thierry, Métayer à la Basserie, Paroisse de la Cornoüaille, en trois années de bannissement des Provinces de l'étendue de la Commission, pour avoir favorisé, par son entremise, ledit la Niboire dans ses infidélités.

Du 6 Aoust 1743.

Arrest du Conseil, qui commet M. l'Intendant d'Ausch & Pau, pour instruire & juger le Procès au nommé Latapy, dit

Friciat, Garde de la Brigade des Fermes établie au Bourg S. Esprit lès-Bayonne, accusé d'avoir induit des Soldats des Bandes Bearnoises en garnison à Bayonne, à favoriser la sortie du Tabac hors l'enceinte de ladite Ville, en leur en remettant lui-même, pour l'introduire dans l'étendue de la Ferme.

Du 7 Aoust 1743.

* Jugement de la Commission du Conseil, établie à Rheims; qui condamne le nommé Humbert Georges, du lieu de Morlange, Evêché de Metz, en neuf années de galeres, pour rebellion, excès & mauvais traitemens exercés sur les Employés des Fermes, & le nommé Jean le Roy en neuf années de bannissement pour Contrebande en Tabac & complicité desdites rebellion & excès, & solidairement en cinq cens livres d'amende chacun.

Du 8 Aoust 1743.

* Jugement de la Commission du Conseil, établie à Rheims, qui condamne le nommé Quirin Comte, du Village de Bertrichamp, Evêché de Metz, en cinq années de galeres, pour rebellion faite aux Employés des Fermes; & le nommé François Comte en trois années de galeres, pour Contrebande & complicité de ladite rebellion resultans au procès, & solidairement en cinq cens livres d'amende chacun.

Du 13 Aoust 1743.

Arrest du Conseil, qui donne le titre de Manufacture Royale à la Manufacture des Etoffes appellées Bayettes & Sempiternes établie à Mouy, & dont le Privilége a été accordé par Arrest du Conseil du 17 Octobre 1741, au Sieur Dubois, Trésorier de France au Bureau des Finances de la Généralité d'Amiens & à ses Associés.

Des 13 Aoust 1743, & 24 Mars 1744.

* Arrests du Conseil; dont le premier a évoqué les demandes

en restitutions, & autres contestations nées & à naître entre les Religieux de l'Ordre des Freres Mineurs de S. François, appellés Capucins, & les Fermiers des Aydes, à l'occasion des priviléges & exemptions prétendus par lesdits Religieux.

Deffend aux Elus, & aux Cours des Aydes d'en connoître, jusqu'à ce qu'il ait, par Sa Majesté, été statué sur la contestation.

Ordonne que la Requeste des Fermiers sera communiquée ausdits Religieux, pour, sur leurs réponses, être ordonné ce qu'il appartiendra.

Et le second, Contradictoire, déboute le Procureur Général dudit Ordre, des demandes par lui formées; & ordonne que les Convens & Communautés dudit Ordre, qui ne seront pas compris dans les Etats d'exemption qui s'arrêtent annuellement au Conseil, payeront les Droits d'Aydes, de Courtiers-Jaugeurs, d'Inspecteurs aux Boissons, & autres dépendans des Fermes, sur les Boissons, Marchandises & Denrées destinées pour leurs provisions.

Nota. Il a été expédié des Lettres Patentes sur celui du 14 Mars 1744, qui ont été enregistrées aux Cours des Aydes de Paris & Rouen.

Du 15 *Aoust* 1743.

* Ordonnance du Roy, pour assujettir à l'ordre des Classes tous les Particuliers qui tendent des filets à la basse eau.

Du 19 *Aoust* 1743.

* Arrest du Conseil, portant Reglement pour la vente & distribution des Verres dans le Magasin des Verres à Vitres établi à Paris par l'Arrest du Conseil du 16 Octobre 1742, & la perception du Droit de huit sols par pannier de Verre attribué à la Communauté des Vitriers.

Du 20 *Aoust* 1743.

Arrest du Conseil, qui déboute les Administrateurs de l'Hôpital Général de la Ville de Thiers en Auvergne, & autres, de leur opposition à l'Arrest du 6 Février 1742, par lequel les baux par eux passés au Sieur Noel Chavillot & Compagnie, Entrepreneurs de la culture des Ris dans le Royaume, ont été resiliés à la charge par eux de payer le prix des baux jusqu'au jour de leur resiliation; au moyen de quoi les Propriétaires des terres, prairies, maisons, moulins, & magasins loués audit Chavillot & Compagnie seront tenus de les reprendre.

Du 20 Aoust 1743.

* Arrest du Conseil, & Lettres Patentes sur icelui, *Registrées au Parlement de Metz*, qui fixent à deux livres par mois la consommation du Tabac pour chaque Chef de Famille du Village de Diane Capel, prescrivent les formalités à observer pour empêcher la fraude que font les Habitans dudit Village, en passant & repassant sur les Terres de l'Evêché de Metz avec des Tabacs, sous prétexte qu'ils sont destinés pour leur provision, & deffendent à tous Marchands François, Etrangers & autres personnes, de faire entrer par terre aucuns Tabacs dans le Royaume, sans passe-ports du Roy, ou de l'Adjudicataire du Privilége de la Vente exclusive du Tabac, à peine de mille livres d'amende, & de confiscation desdits Tabacs, Chevaux, Charettes & autres Voitures servant à les conduire.

Du 21 Aoust 1743.

* Jugement de la Commission du Conseil, établie à Rheims, qui condamne François Nicolas du Biquaine, Tuillier, demeurant au lieu de S. Vincent, près Charpey en Dauphiné, en cinq années de galeres, pour avoir introdüit une Carotte de faux Tabac dans le domicile du nommé Jean Bellier, du même lieu de S. Vincent, & être ensuite venu à Valence donner avis aux Employés des Fermes qu'il y avoit du Tabac de Contrebande chez ledit Bellier, pour y faire perquisition, dans le dessein de lui susciter une mauvaise affaire, & pour avoir favorisé un fameux Contrebandier.

Du 23 Aoust 1743.

* Jugement de la Commission du Conseil, établie à Valence,

par lequel Simon Remy, dit Prophete, du lieu de Bretenou; Paroisse de Chouvigny en Bourbonnois, a été condamné aux galeres pour cinq ans, & en mille livres d'amende, pour avoir fait la Contrebande en Tabac avec attroupement au nombre de cinq, sans armes, préalablement marqué par l'Exécuteur de la Haute Justice.

Du 26 Aoust 1743.

*Arrest du Conseil, qui ordonne que la visite des Bas au métier & autres Ouvrages de Bonneterie sera faite par un Inspecteur qui sera choisi par M. le Controlleur Général des Finances, aux appointemens de deux mille livres, payables par la Communauté des Bonnetiers, à laquelle il est attribué un sol six deniers par douzaine de paires de Bas, au lieu d'un sol dont elle jouissoit auparavant.

Du 26 Aoust 1743.

* Ordre aux Commis des Barrieres de dresser des procès-verbaux contre les personnes qui entreront dans Paris avec des habillemens de Toiles & Etoffes peintes.

Du 26 Aoust 1743.

* Arrest du Conseil, qui fixe les Droits d'Entrées des Cinq Grosses Fermes sur les Bois de Sandal ou Santal, à raison de douze sols du cent pesant sur celui en buches, & de trois livres lorsqu'il sera moulu.

Du 27 Aoust 1743.

Arrest Contradictoire du Conseil, qui déboute les nommés Henry le Cras, Anglois, Habitant de l'Isle de Gersey, & Charles Cojean, originaire du lieu de Plonnevez en Bretagne, & residant ordinairement en Angleterre, de leur demande en cassation de deux Arrests du Parlement de Bretagne, des 8 Janvier & 3 Avril précédent, par le premier desquels ils ont été condamnés en la confiscation de plusieurs Ballots de Tabac qu'ils avoient versé sur la Côte, ainsi que du Bâtiment sur lequel ils l'avoient apportés, & en chacun mille livres d'amende; & par le second, l'amende convertie en la peine des galeres, faute de l'avoir payée dans le mois du jour de la signification du premier; & les déboute pareillement des dommages-intérests ausquels ils avoient conclu par leur Requeste, sur laquelle ledit Arrest est intervenu, nonobstant leur prétendu échouement & relâche forcé dans l'Isle Tomé.

Du 28 Aoust 1743.

* Jugement de la Commission du Conseil établie à Valence, par lequel Pierre Beysseras, Meûnier au Moulin de la Planche, Paroisse d'Ambert en Auvergne, a été condamné à mille livres d'amende, pour avoir favorisé les Contrebandiers, & avoir souffert chez lui l'Entrepost de leurs Tabacs.

Du 3 Septembre 1743.

* Arrest du Conseil, qui modere à dix sols du cent pesant les Droits de Sortie du Royaume sur les Etoffes de laine, à l'exception des Draps ou Serges drapées, & ce pendant deux années, à compter du 15 Janvier 1744, aux clauses & conditions portées par celui du 2 Janvier 1742.

Du 3 Septembre 1743.

* Arrest du Conseil, qui permet pendant une année, à compter du 18 desdits mois & an, l'Entrée dans le Royaume des Beures venant d'Angleterre, d'Ecosse & d'Irlande, en payant les Droits dûs.

Du 3 Septembre 1743.

Arrest du Conseil, sur la Requeste de Jacques Forceville, Adjudicataire des Fermes Générales Unies, tendante au payement des Droits d'Entrées de cent douze livres pesant de Toiles venues de S. Omer, pour le compte des Capucins de Calais, dont ils prétendoient être exempts, sous prétexte d'un

Arrest de la Cour des Aydes du 14 Février précédent, portant enregistrement des Lettres Patentes à eux accordées au mois de Juillet 1716, pour la confirmation de leurs privilèges ; ordonne la communication de ladite Requeste aux Capucins du Convent de Calais, pour y fournir de réponse dans les délais du Réglement, sinon sera fait droit.

Du 5 Septembre 1743.

* Jugement de la Commission du Conseil établie à Valence; qui condamne Antoine Colomb, dit le Gris, du lieu de Beauvert en Vivaretz, à être pendu, pour Faux-Saunage & Contrebande en Tabac, avec attroupement & port d'armes au nombre de cinq & au-dessus ; & pour vols, violences, excès, & autres cas.

Du 7 Septembre 1743.

* Jugement de la Commission du Conseil, établie à Valence; par lequel Remy Ocise, dit Ryard, du lieu de Chauriac en Auvergne, a été condamné aux galeres perpétuelles, & en mille livres d'amende, pour les cas de Contrebande, Faux-Saunage en récidive, & autres mentionnés au procès.

Du 7 Septembre 1743.

* Arrest du Parlement qui ordonne que sur la somme de onze cens soixante-sept livres un sol six deniers, déposée chez James, Notaire, appartenante aux Sieurs Salviat, Marchand de bois à Paris, Jacques Forceville, Adjudicataire des Fermes Générales, sera payé par privilége & préférence à tous Créanciers, de deux cens cinquante cinq livres deux sols six deniers, interests & frais à lui dûs, pour Droits de Domaine & Barrage, & quatre sols pour livre, des bois vendus par ledit Sieur Salviat.

Et qu'après ledit Forceville, les Directeurs & Administrateurs de l'Hôpital Général de Paris, seront payés aussi par privilége & préférence à tous Créanciers de deux cens quatre-vingt onze livres trois sols, pour les Droits dûs audit Hôpital, à à cause des bois vendus par ledit Salviat, ensemble des intérests & frais.

Du 9 Septembre 1743.

* Jugement de la Commission du Conseil, établie à Valence, qui condamne François Miodet, dit Choussat, du lieu de S. Dier en Auvergne, à être pendu, pour Contrebande en Tabac & Faux-Saunage, avec attroupement & port d'armes au nombre de cinq & au-dessus, & pour les excès, violences, vols & cruautés mentionnés au procès.

Du 14 Septembre 1743.

* Jugement de la Commission du Conseil, établie à Valence, qui condamne par contumace Claude Aymard, Laboureur au Hameau de Payre, Paroisse de S. Jean de Nay en Auvergne; Pierre Imbert, aussi Laboureur, & Jacques Giselon, Manouvrier, tous deux du hameau de Bessac, même Paroisse, & contradictoirement Pierre Fabre; Pierre Ruas, du même lieu de Bessac; Pierre Teyssier, dudit lieu de Payre, & Pierre Beraud, Sergent de la Baronnie de Seray; sçavoir: lesdits Aymard & Imbert à être pendus, pour Contrebande en Tabac, excès, violences, mauvais traitemens de dessein prémédité, & vols y mentionnés; lesdits Giselon, Fabre, Ruas & Teyssier aux galeres pour trois années, pour avoir eu part ausdits excès, violences & vols; ledit Beraud au banissement pour trois années des Provinces d'Auvergne & Velay.

Du 15 Septembre 1743.

Lettres Patentes du Roy, *Registrées au Parlement & en la Chambre des Comptes, les 26 Novembre & 11 Décembre suivans, & en la Cour des Aydes, le 7 Janvier 1744,* qui prorogent pendant vingt-cinq années, à compter du premier Octobre 1745, en faveur des Sieurs Isaac, Samuel, Pierre, Abraham & Salomon Vanrobais, les priviléges & exemptions accordés à leurs Auteurs pour la Manufacture des Draps fins, façon d'Espagne, Hollande & d'Angleterre par eux établie à Abbeville, permettent aux Nobles d'y prendre intéreſt, ſans déroger à la Nobleſſe, déclarant leſdits Sieurs Vanrobais, leurs Aſſociés & Ouvriers, Regnicoles, & les diſpenſent de prendre des Lettres de naturalité; leur accordent huit Minots de Franc-Salé à prendre au Grenier de ladite Ville, en payant le prix Marchand, à condition qu'il ſera conſommé dans ladite Manufacture, dont il ſera tenu compte au Fermier ſur le prix de ſon Bail; ordonnent que ſur tous les Draps & Ratines qui ſeront fabriqués dans ladite Manufacture, les noms deſdits Vanrobais, & celui de la Ville d'Abbeville, ſeront brodés tant au chef qu'à la queue deſdits Draps & Ratines, & qu'aux deux bouts de chaque Piéce il ſera appoſé un Plomb, ſur l'un des côtés duquel ſeront gravées les Armes du Roy, & ſur l'autre, ces mots, *Manufacture Royale d'Abbeville*, avec deffenſes de contrefaire leſdites Marques & Plombs, à peine de confiſcation des Draps & Ratines, & de quinze cens livres d'amende; exemptent des Droits d'Entrées les Laines d'Eſpagne & autres deſtinées pour ladite Manufacture; exemptent pareillement des Droits de Sortie tant de l'étendue des Cinq Groſſes Fermes, que des Provinces reputées Etrangeres, les Draps & Ratines qui y auront été fabriqués, & ce juſqu'à concurrence de quatre cens Piéces par an ſeulement, ſans que ſous ce prétexte leſdits Sieurs Vanrobais puiſſent jouir dans une année de l'exemption des Droits de Sortie de partie deſdites 400 Piéces de Draps & Ratines qui ſeroient ſorties de moins pendant l'année précédente; ordonnent que leſdits Draps auront une liziere bleue avec quatre fils aurore tiſſus entre les lizieres & le Drap, avec deffenſes à tous autres Fabriquans d'imiter & contrefaire leſdites lizieres, à peine de confiſcation, & de cinq cens livres d'amende: le tout à la charge par leſdits Sieurs Vanrobais d'entretenir pendant les vingt-cinq années dudit Privilége, cent Métiers, toujours travaillans en Draps fins dans ladite Manufacture.

Du 17 Septembre 1743.

* Jugement de la Commiſſion du Conſeil, établie à Valence, par lequel Dominique Poillot dit Gueule à la Marmite, Manœuvre, & François Blangi, Cordonnier, tous deux demeu-

rans à Baune en Bourgogne, ont été condamnés aux galeres pour trois années, & en cinq cens livres d'amende chacun, pour avoir fait la Contrebande en Tabac, qu'ils ont acheté des Contrebandiers, & ensuite revendu en détail; & Louis Flessellier, dit Manaval, à trois années de bannissement, & en cinq cens livres d'amende, pour Contrebande en Tabac.

Du 17 Septembre 1743.

Arrest du Conseil, qui liquide à la somme de quatre mille sept cens huit livres cinq sols deux deniers les payemens faits par les Cautions de Jacques Forceville, Adjudicataire des Fermes Générales Unies, tant pour la construction du mur de clôture fait derriere le Bâtiment de la Manufacture du Tabac à Morlaix, que pour les frais d'alignement, en exécution de l'Arrest du 6 Juin 1741; de laquelle somme de quatre mille sept cens huit livres cinq solsdeux deniers, les Cautions dudit Forceville seront remboursés par le Fermier du Tabac qui lui succédera.

Du 17 Septembre 1743.

* Arrest du Conseil, qui permet le transport des Grains, Farines & Légumes d'une Province du Royaume dans une autre Province du Royaume, & d'un Port du Royaume dans un autre Port du Royaume, en observant les formalités prescrites par icelui.

Du 17 Septembre 1743.

Arrest du Conseil, pour lever pendant cinq années trois deniers par augmentation du pareil Droit qui se perçoit par piéce de Toilles & Toilleries, tant Foraines que fabriquées dans la Ville de Rouen, qui sont exposées en vente sous les Halles de ladite Ville, dont le produit sera employé à la dépense des ouvrages, reparations & réédifications à faire pour mettre en état & à l'usage de la Halle le Magasin du premier étage du Bâtiment étant au-dessus desdites Halles.

Du 17 Septembre 1743.

* Arrest du Conseil, qui exempte de tous Droits, tant des Fermes du Roy, que de ceux appartenans à des Seigneurs particuliers, Corps & Communautés Ecclésiastiques ou Laïques, les Grains, Farines & Légumes qui seront voiturés & conduits en Provence des autres Provinces du Royaume, soit par Mer, par les Rivieres ou par Terre.

Du 17 Septembre 1743.

Arrest du Conseil, qui deffend de faire aucuns amas ni entreposts de Drapeaux, Chifons & autres matieres propres à la fabrication du Papier dans aucun lieu des Côtes de la Basse Normandie, ni d'en transporter dans l'étendue de la Généralité de Caen, autrement que par terre, à peine de confiscation & de mille livres d'amende.

Du 17 Septembre 1743.

* Arrest du Conseil, qui permet de faire venir de l'Etranger des Crins plats & bruts non frisés, en payant quinze sols du cent pesant, conformément au Tarif de 1664.

Du 17 Septembre 1743.

Arrest du Conseil, qui approuve & autorise l'Ordonnance de M. de Serilly, Intendant de la Généralité d'Ausch & Pau, du 12 Mars 1742, par laquelle les frais de Régie du Bureau de Controlle établi dans la Ville de Bayonne par Arrest du Conseil du 19 Décembre 1741, pour empêcher la sortie & le commerce en Païs Etranger des Etoffes défectueuses fabriquées dans le Royaume, ont été fixés à neuf cens livres payables, sçavoir, les trois quarts par les Marchands & Négocians en gros, & le quart restant par les Marchands Drapiers & Merciers établis en Jurande.

Du 17 Septembre 1743.

* Arrest du Conseil, qui deffend aux Chaudronniers de la Ville & Faux-bourgs de Paris, d'employer du Plomb dans l'étamage des Batteries de cuisine & Vaisselle de cuivre, à peine de confiscation des piéces de Chaudronnerie, dans l'étamage desquelles il y aura du Plomb, de cinq cens livres d'amende & de déchéance de Maîtrise pour toujours.

Du 18 Septembre 1743.

* Jugement de la Commission du Conseil, établie à Valence; par lequel Pierre Lyon, du lieu des Echelles, à la partie de Savoye, a été condamné aux galeres pour cinq ans, & en mille livres d'amende, pour avoir fait la Contrebande en Tabac, avec attroupement au nombre de cinq & au-dessus

Du 19 Septembre 1743.

* Jugement de la Commission du Conseil, établie à Valence, par lequel Joseph Miousset, dit la Guerre, du lieu de Salon en Provence, à été condamné à cinq années de galeres, & en mille livres d'amende, pour Contrebande avec attroupement.

Du 19 Septembre 1743.

* Jugement de la Commission du Conseil, établie à Valence; par lequel Claude Mandel, du lieu de Pouzolle en Bourbonnois, a été condamné aux galeres pour trois années, & en cinq cens livres d'amende, pour avoir fait le Faux-Saunage, & Contrebande en Tabac.

Du 20 Septembre 1743.

* Jugement de la Commission du Conseil, établie à Valence, par lequel Gregoire Noirot, du lieu de Raon en Franche-Comté, & Philibert Bar Belenet, dit petit Noir, même Pro-

vince, ont été condamnés à cinq années de galeres, & mille d'amende, pour avoir fait la Contrebande en Tabac, avec attroupement au nombre de cinq & au-dessus, sans armes; & Jean Boisot, Meunier, du lieu d'Aulay en Nivernois, a été condamné à trois années de galeres & cinq cens livres d'amende, pour Contrebande.

Du 21 Septembre 1743.

* Jugement de la Commission du Conseil, établie à Valence, par lequel Jean Futin, du lieu de Germagnac en Franche-Comté; Claude François Perrin, dit la Poste, du lieu de Dacierat, Paroisse de Polliat, même Province; & Melchior Daza, Maçon & charpentier, du lieu de la Boisse en Bresse, ont été condamnés aux galeres pour trois ans, & en cinq cens livres d'amende chacun, pour Contrebande en Tabac, avec attroupement sans armes.

Du 23 Septembre 1743.

* Jugement de la Commission du Conseil, établie à Valence, par lequel Antoine Maraval, de la Paroisse de S. Julien dans les hautes Sevennes, a été condamné aux galeres pour cinq années, & en mille livres d'amende, pour avoir fait le Faux-Saunage & la Contrebande.

Du 23 Septembre 1743.

* Jugement de la Commission du Conseil, établie à Valence, par lequel Jeanne Raflin, Veuve de Jean Talu, Cordonnier à Amplepuy, y demeurant, a été condamnée à être battue & fustigée de verges par l'Exécuteur de la Haute Justice dans les places & carrefours de la Ville de Valence, & à l'un d'iceux marquée sur l'épaule dextre avec un fer chaud, portant l'empreinte d'une Fleur de Lys, & en cinq cens livres d'amende, pour avoir fait la Contrebande en Tabac, & favorisé les Contrebandiers & Faux-Sauniers attroupés & armés.

Du 27 Septembre 1743.

* Jugement de la Commission du Conseil, établie à Rheims; qui condamne à mort le nommé Jean Marjolet, dit Jeannot, Garçon sans profession ni domicile, natif de Moyenville en Lorraine, pour crime de Contrebande en Tabac & Indiennes, avec attroupement & port d'armes, & complicité, d'assassinat, meurtre, vols, excès & violences.

Du 28 Septembre 1743.

Arrest du Conseil, qui évoque les Instances pendantes au Grand Conseil, entre Jacques Forceville, Adjudicataire des Fermes Générales Unies, & M. le Marquis des Reaux, & leur donne acte des désistemens respectifs passés entr'eux, sçavoir; Forceville, de la plainte par lui rendue en l'Election de Troyes, contre ledit Sieur Marquis des Reaux, & de tout ce qui s'en est ensuivi, & M. le Marquis des Reaux de l'inscription par lui formée contre le procès-verbal des Employés des Fermes de la Brigade de Troyes du 10 Mars 1740, au sujet de la rebellion exercée contre eux à l'occasion de la capture d'un Particulier qu'ils avoient arrêtés avec du faux Tabac, & de toutes les poursuites faites en conséquence; & ordonne que toutes les procédures faites de part & d'autre demeureront nulles & comme non avenues, dépens compensés, imposant sur ce silence aux Procureurs Généraux & autres.

Du 30 Septembre 1743.

* Arrest du Conseil, qui revoque celui du 30 Aoust 1738; & en interprétant celui du 6 Septembre 1701, fait deffenses à tous Négocians & autres de faire venir de l'Etranger dans le Royaume, du Salicor ou cendres de Vorech, sous les peines portées par ledit Arrest du 6 Septembre 1701.

Du 30 Septembre 1743.

* Jugement de la Commiſſion du Conſeil, établie à Valence; par lequel Jean Fougerouſe, dit le Sanaire, Cabaretier demeurant à la Maiſon blanche, Paroiſſe de Beurriere en Auvergne, a été condamné en l'amende de trois cens livres, pour avoir acheté des quantités conſidérables de Sel, des Faux-Sauniers qui en ont conduit avec chevaux dans ladite Paroiſſe de Beurriere, qu'il a revendu enſuite à d'autres Faux-Sauniers, ladite amende converſible en la peine des galeres, & à l'égard du chef d'accuſation concernant la Contrebande en Tabac imputée audit Fougerouſe, il a été ordonné qu'il en ſera plus amplement informé pendant ſix mois.

FIN.

www.ingramcontent.com/pod-product-compliance
Ingram Content Group UK Ltd.
Pitfield, Milton Keynes, MK11 3LW, UK
UKHW022124260726
13993UKWH00003B/1221